新营销3.0

bC一体数字化转型

刘春雄◎著

人民邮电出版社

北京

图书在版编目（CIP）数据

新营销3.0：bC一体数字化转型 / 刘春雄著. —— 北
京：人民邮电出版社，2022.10（2022.11重印）
ISBN 978-7-115-59565-2

Ⅰ．①新… Ⅱ．①刘… Ⅲ．①企业管理－网络营销
Ⅳ．①F274-39

中国版本图书馆CIP数据核字(2022)第118202号

内 容 提 要

本书讲述了一套适用于传统企业的数字化转型方法论，旨在让企业更好地实现数字化转型。

全书共五章，分别从数字化主战场与新模式、数字化"六双"方法论、数字化操作五步法、数字化转型及数字化全景图与数字化闭环展开。

本书融合了作者 33 年来的营销从业经历，将体系化的知识总结与丰富深刻的案例解读结合在一起，为企业提供有效可行的数字化转型路径，适合营销从业者、品牌经销商、企业管理者等对企业数字化转型感兴趣的读者阅读。

◆ 著　　　　刘春雄
责任编辑　徐竞然
责任印制　周昇亮

◆ 人民邮电出版社出版发行　　北京市丰台区成寿寺路 11 号
邮编　100164　电子邮件　315@ptpress.com.cn
网址　https://www.ptpress.com.cn
天津千鹤文化传播有限公司印刷

◆ 开本：700×1000　1/16
印张：12.25　　　　　　　2022 年 10 月第 1 版
字数：168 千字　　　　　　2022 年 11 月天津第 2 次印刷

定价：89.00 元

读者服务热线：(010)81055296　印装质量热线：(010)81055316
反盗版热线：(010)81055315
广告经营许可证：京东市监广登字 20170147 号

前 言

为什么是 bC 一体化？

本书是"新营销三部曲"的结束篇。"新营销三部曲"分别是《新营销》《新营销2.0：从深度分销到立体连接》《新营销3.0：bC 一体数字化转型》。

传统营销体系是基于工业时代的营销体系。2010年后，中国电商快速发展，互联网全面渗透到营销的研发、传播、渠道各领域。因此，我陆续出版了"新营销三部曲"。

《新营销》提出了基于信息时代特征的新营销分析和认知体系：场景、IP、社群、传播。《新营销2.0：从深度分销到立体连接》重点强调了新营销的用户连接体系，基本框架是：场景体验（线下）、KOC 关键意见消费者（社群）和云店（线上）。

《新营销3.0：bC 一体数字化转型》则致力于讲述用户连接之后的运营体系：数字化"六双"方法论及数字化操作五步法。

可见，"新营销三部曲"的逻辑线是：用户认知、用户连接、用户运营。《新营销》强调的是分析和认知框架，《新营销2.0：从深度分销到立体连接》强调的是用户立体连接框架，《新营销3.0：bC 一体数字化转型》强调的是用户连接后的运营框架。"新营销三部曲"既构成了内容上的递进关系，适合读者们连续阅读；也有各自篇章的整体性与适用性，同样适合读者们单独阅读。

什么是"bC 一体化"？

本书中"bC 一体化"是指企业利用数字化手段，将渠道中的零售商（b，Business）和消费者（C，Consumer）作为一组对象，一体化运营，两者互为杠杆，循环撬动，实现销量增长的数字化运营模式。

"bC 一体化"的核心特征是将 b 和 C 作为一组运营对象一体化运营。从营销运营角度讲，bC 一体化运营可以解决渠道的诸多难题。

1. 解决渠道"分销"和"动销"结合问题（b 端解决分销问题，C 端解决动销问题）。

2. 解决渠道"推力"和"拉力"结合问题（b 端解决推力问题，C 端解决拉力问题）。

3. 解决渠道"认知"和"交易"结合问题（b 端解决交易问题，C 端解决认知问题）。

4. 解决渠道"线上"和"线下"结合问题（b 端解决线下问题，C 端解决线上问题）。

从数字化技术角度讲，"bC 一体化"可以解决以下问题。

1. 通过"bC 双码"或"bC 小程序"等技术工具深度绑定 b 和 C。因为当零售商（b）成为主要流量来源时，必须准确识别每个用户到底来自哪个零售端，从而形成基于流量来源的分润体系。

2. 从 b 端获得源源不断的 C 端流量。

3. 使渠道体系共享流量成为可能。

"bC 一体化"不仅是一个技术上可行、营销上可操作的战术操作体系，还是一个能够不断进化的数字化实用体系。虽然对于"bC 一体化",各行业会产生不同的深刻理解,但有一点是相通的,也是毋庸置疑的,"bC 一体化"中强调的零售商(b)和消费者(C)将对企业数字化体系构建起到关键作用。

bC 一体化的演进

2016 年 12 月,新零售概念的提出拉开了传统行业数字化的大幕。

基于传统行业数字化转型的现实问题,业界先后出现了三种理论路径,这三种理论分别是:私域流量、DTC(Direct to Consumer,直连用户)和 S2b2C(Supply Chain Platform to Business to Customer,超级供应链平台赋能渠道商共同服务消费者)。尤其是私域流量和 DTC 这两大理论与电商的 B2C 模式有着相似的逻辑,即同为 F2C(Factory to Consumer,从厂商到消费者的电子商务模式)路径,因此受到大众追捧,前期还成为企业数字化转型实践的热点。实际上,三大理论在具体的运营和实践中问题众多,在逐步演变中愈加完善。经过我的观察,三大理论最终将进入"bC 一体化"逻辑的轨道。

路径 1:私域流量。在私域流量 1.0(F2C)实践中,虽然不少头部品牌都获取了千万级粉丝,但它们很快发现以私域流量模式运营激活用户非常困难,甚至还有一些粉丝是"僵尸粉"。于是,2021 年,私域流量进化到私域流量 2.0(F2b2C)。私域流量 1.0(F2C)的路径中无 b 端角色,私域流量 2.0(F2b2C)的路径中增加了 b 端角色,开始向"bC 一体化"路径迈进。在实际操作中,私域流量 2.0 模式在连锁品牌的会员管理中应用得风生水起,尤其适用于餐饮娱乐品牌、本地服务类品牌、零售品牌等。例如,麦当劳、屈臣氏、百果园、钱大妈都是私域流量 2.0 模式表现突出的典型代表。

路径 2:DTC。站在品牌商立场,DTC 也是 F2C 的一种,仍然是直营电商逻辑。即使是像可口可乐这种 SKU（Stock Keeping Unit，存货单位）类目几乎占据了饮料全品类的品牌商，在直连用户上仍然面临两大问题，一是无法连接亿级用户，二是 SKU 不足以支撑小程序的活跃度。从另一个方面来说，快消品头部企业的深度分销系统已经全面触达终端用户，连接终端用户相对容易。因此，DTC 的演变过程中逐渐加入了零售商，从"直连用户"变成"终连用户"（最终连接用户）。走 DTC 路径的企业最终只能通过 b 端连接海量用户，最后仍然走向了"bC 一体化"。

路径 3: S2b2C。S2b2C 的前身是 S2b（Supply chain platform to Business），S2b 是阿里巴巴集团原副总裁曾鸣在 2017 年 5 月 26 日"天猫智慧供应链开放日"论坛上提出的概念。S2b 中的 S（Supply chain platform）指超级供应链平台，B 是指的是超级供应链平台下属的万级、十万级甚至更大数量的企业端（其中包括大中小各种规模的企业）。曾鸣教授曾表示，"在未来五年，S2b 是最有可能领先的商业模式"，随后，曾鸣教授将 S2b 的概念扩展为 S2b2C，这是他第一次公开承认在传统企业数字化中有 b 端角色。2018 年，曾鸣教授出版《智慧商业》，这本颇具影响力的图书的核心观点是：互联网商业过去是 B2C，未来是 C2B，过渡路径是 S2b2C。这是最接近"bC 一体化"所关注的 F2B2b2C 全链路数字化的路径。

曾鸣教授的 S2b2C 概念影响了很多数字化从业者。但由于曾鸣教授站位于供应链平台（S 端）而非企业视角，而且由供应链平台推动的"新零售""新制造"等数字化尝试并不顺利，因此很多人渐渐淡忘了 S2b2C 的商

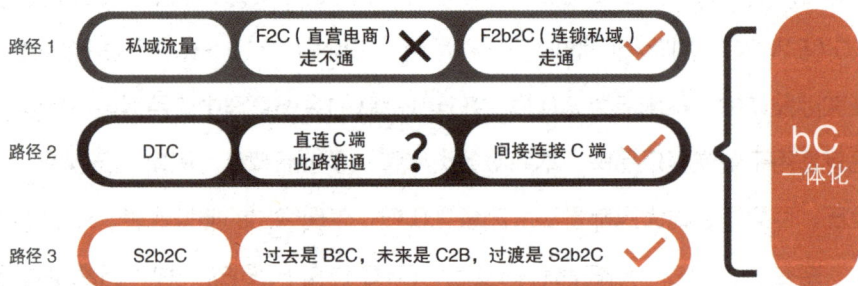

业逻辑。

纵观一些快消品行业的传统企业在进行数字化转型时，经历了从新零售逻辑到"bC 一体化"逻辑的转变，也经历了从去中间化到重视 b 端价值的演进过程。

本书提出的 "bC 一体化"是快消品企业主流数字化模式，总结了数字化运营"六双"方法论以及数字化操作五步法。本书不仅从三个层面回答了快消品深分体系之下的 bC 一体数字化转型问题，还完成了概念提出、体系构建、实操步骤的基本建设。

非 b 莫属

传统企业在数字化转型过程中会逐渐意识到，如果企业不能够理解 b 端的价值，那么在信息化时代建设"连接用户的运营体系"就会遇到很大困难。

"bC 一体化"概念之所以用小写字母 b，就是要将大写字母 B 代表的经销商和小写字母 b 代表的零售商区分开，重点强调的是零售商 b 与消费者 C 之间的互动关系，以及这种互动关系对销量增长起到的关键性作用。

b 的重要性在于与用户实时互动产生的高价值信息。许多互联网从业者在实践中发现，虽然成功地与用户进行了连接，也获取了一些用户信息，但依旧离理想的 C2B 商业逻辑相去甚远。这主要是因为缺乏实时互动信息，只有真情实感、实时互动的信息才具备高价值。而这一点，B2C 做不到，只有通过立体连接的 b2C 能做到。因此，传统企业的数字化离不开 b 端角色。

数字化运营一定是面向 C 端的，而触达、激活消费者和与消费者互动非 b 莫属。企业想要触达足够多的消费者，就避免不了通过"中间体"进行用户数量的指数级放大。因此，我们提出了"百万终端，千万触点，亿万用户"的 bC 一体化用户量级逻辑。

深度分销体系的 bC 一体化是难点

bC 一体数字化在现实落地过程中形成了三大模式：

1. P2b2C（平台—团长—消费者）模式。P 是平台（Platform）。如目前比较成熟的社区团购模式，"团长"是 b 端，用户是 C 端。"团长"与用户在社区形成了"bC 一体化"。

2. F2b2C（品牌商—零售店—消费者）模式。这是连锁类模式，品牌商直控终端。目前已经有一部分传统深度分销模式转型为去 B 端的 F2b2C 模式，多见于家电行业。F2b2C 模式也是目前比较成熟的 bC 一体化模式。

3. F2B2b2C（品牌商—经销商—零售店—消费者）模式。这是基于以快消品为主体的深度分销模式的 bC 一体化。本书主要解决深度分销体系中 F2B2b2C 模式的运营问题。

传统企业数字化转型中，深度分销体系的数字化是难点。F2B2b2C 模式与 F2b2C 模式相比，虽然只多了一个 B 端角色，运营主体从三个（F、b、C）增加到四个（F、B、b、C），但复杂程度却增加相当多。F2b2C 模式主要适用于连锁类品牌，F 端与 b 端目标高度一致。深度分销体系 F2B2b2C 模式中，F 端、B 端和 b 端三者之间既有一致利益，也有利益冲突。因此，既需要设计一个能够带来销售增量的运营框架，也需要设计一个合理的分润体系，让每个参与者都有增量利益。

营销视角 bC 一体化

本书强调从营销视角而非交易视角看待数字化。基于 bC 一体化所形成的营销视角，可以发现一些企业经过 bC 一体化运营后，虽然线上交易没有显著提高，但从全局调动来看，全网销量增加很多。

营销视角的数字化，主要体现在三个方面：

第一，"认知""交易""关系"三位一体。B端与用户有强关系，强关系可以转化为认知背书，然后形成交易。因此，营销视角更重视三位一体理论中的"关系"与"认知"层面。而从三度空间视角来看，线下关系更强，社群认知更快，线上交易更便利。

第二，"线下""社群""线上"三度空间。一物一码连接形成的是只有线上的一度空间，场景化连接形成的是同时有线上和线下的二度空间（线下、线上），而小b连接则构成了兼备线下、社群、线上的三度空间。三度空间连接，意味着形成了全域空间（全渠道）一体化，每一笔交易都是数字化的成果。

第三，渠道一体视角。深度分销体系下有四个经营主体，在bC一体化体系之下，流量来源于b端，但交易可以发生在F、B、b三方的任何一端。只有全渠道一体，才能形成互相信任的分润策略。

基于上述三个视角出发的"bC一体化"一旦实现了，营销将不再有线上和线下的区分，也将不再有传统企业与互联网企业的区别。企业将进入数字化新时代。

目录

第 1 章　数字化主战场与新模式

第 2 章　数字化"六双"方法论

第 1 章

数字化主战场与新模式

2020 年，新冠肺炎疫情倒逼企业抓紧进行数字化建设。美国 Twilio 公司的研究数据显示，2020 年企业数字化转型整体提速 6 年。

2021 年，阿里巴巴原 CEO（首席执行官）卫哲说：电商已经进入存量市场。电商增长已经进入平缓期。自 2012 年以来，电商是主要增量战场，而 2021 年后，逐步推进的新数字化增长方式，促进了数字化主战场的转换。2021 年是寻找数字化转型主方向的一年，"bC 一体化"的渠道数字化模式 F2B2b2C（厂家—经销商—零售店—用户），正在被更多的企业，特别是快消品行业龙头企业，确认为新的数字化主战场。

2022 年，在确定"bC 一体化"的基本方向后，探索 F2B2b2C 如何实现操作模式化成为主要工作。操作模式化是大规模推广 F2B2b2C 模式的前提。

1.1　传统巨头们，主战场已变

用户是一切数据的源泉

什么是数字化？避开学术化的严格概念界定，本书给出一个在操作层面相对容易理解的说明。

用数字化工具连接用户，获得用户实时数据，从而依据数据开展企业经营活动，就是数字化。

特别说明：除非另有说明，本书谈到数字化时，主要基于厂家和渠道商视角，主要针对品类为快消品。

数字化有三个关键词：获得用户实时数据；从技术上连接用户；用户运营。

数字化所指的用户，是 C（用户或消费者）端或者产品的最终用户。消费品领域的用户就是 C 端。有些品类没有 C 端，比如工业品，此时用户就是指产品的最终使用者。因此，数字化的关系表达式是 X2C。X 代表经营主体，C 是用户。

用户实时数据，不仅包括交易数据，还包括使用数据（如家电的使用状态）、社交数据、内容数据。这些行为数据反映了用户总体状态。用户运营以线上作为销售渠道，包括获取用户数据、洞察需求，进而改进供应链和分销链环节的经营。研发产品、改进供应链、智能制造、渠道运营等所需的数据来源于用户，通过闭环改善所有经营环节，最后让用户受益。

厂家连接 C 端的模式有三种。

第一种：电商模式——B2C（经销商—用户）。

第二种：新零售或私域流量模式——F2C（厂家—用户）。

第三种：渠道数字化模式——F2B2b2C（厂家—经销商—零售店—用户）或 F2b2C（厂家—零售店—用户）。

获得用户实时数据，是数字化不同于信息化之处。由于移动互联网的普及，手机已经成为人的"第六感觉器官"，人们通过手机感知外界信息，与外界沟通。作为"第六感觉器官"，手机适当记录着个人信息。即使手机关机，"用户不在线"也是一种数据状态。只要连接用户，就可以获得用户实时数据，包括个人特征数据（如姓名、年龄、学历等），也包括行为数据、地址数据等。利用数据信息和相应的数据模型，就能够洞察用户需求。

从技术上连接用户，不是指与用户建立线下关系、社群关系或其他形式的关系，而是通过技术手段（如小程序、App 等）与用户形成连接。技术连接的好处是能够获取用户实时数据。

获取用户数据、洞察用户需求，就可以开展用户运营。新零售和私域流量的运营体系被称为 AARRR 模型（Acquisition，拉新；Activation，激活；Retention，留存；Revenue，收益；Referral，推荐），这是 F2C 模式下的数字化运营流程。AARRR 模型运营流程的特点是只有一个运营主体，这也是 F2C 模式的基本特点。

F2B2b2C 模式的运营流程如下。

用户触达→用户连接→用户激活→用户留存（或再激活）→用户黏性→用户转化。

（1）**用户触达：** 企业通过线上、线下的多方位触点尽可能接近用户。触点分为人、货、店三类，详见 2.2 节。

（2）**用户连接：** 企业通过技术手段，使用户在技术上可连接。例如，用户下载企业 App、注册企业小程序等。F2C（厂家—用户）、B2C（经销商—用户）、b2C（零售店—用户）三种模式下经营主体的技术连接，均可视为用 F2B2b2C 模式实现了用户连接。其中，一个经营主体连接用户，三个经营主体共享用户资源。

（3）**用户激活：** 用户在时间窗口内完成关键动作则视为被激活，如登录、与平台互动、交易等。用户被激活后即为有效用户（详见 3.3 节）。

（4）**用户留存（或再激活）：** 用户开始使用应用并经过一段时间后，继续使用的用户被认为是留存用户。互联网用户来得快，去得也快。没有被留存的用户，需要再激活。

（5）**用户黏性：** 黏性是衡量用户忠诚度的重要指标。黏性既与用户特征相关，也与经营主体的运营能力相关。

（6）**用户转化：** 广义的用户转化包括用户注册、下单、付费。本书的用户转化主要指下单、付费，完成交易行为。

F2B2b2C 模式的渠道数字化流程则更复杂，主要特点是多主体运营。B2C 平台电商和 F2C 私域流量的 AARRR 模型，除了初期的地推与线下相关外，其他环节都在线上进行。

F2B2b2C 模式的六个流程，可以划分为两大阶段。

第一阶段：线下主导阶段。用户触达、用户连接、用户激活，主要靠线下环节推动，推动主体是 b（零售商）。

（1）用户触达，主要通过零售商与用户之间的触点，如人、货、店来实现。没有触点，单靠技术手段，难以实现亿级用户体量。百万终端，千万触点，亿级用户，这是 F2B2b2C 实现亿级用户连接，成为新的数字化主战场的基本逻辑。

（2）用户连接，即通过 App、小程序、POS 机（电子付款机）等数字化工具连接 C 端。这是关键的一步，没有连接用户，数字化无从谈起。

（3）用户激活，线上、线下都有激活手段。但由于线上激活比较被动，所以 F2B2b2C 模式倾向于线下激活，确保激活更多用户。

第二阶段：线上主导阶段。用户激活后，就转为以线上运营为主。用户留存（或再激活）、用户黏性、用户转化，主要由三大经营主体（厂家、经销商、零售商）通过线上运营推动。

线下用户触达、用户连接、用户激活，主要是将零售商与用户在线下形成的强关系，转化为线上关系。线上用户留存（或再激活）、用户黏性、用户转化，主要利用互联网优势，实现更短路径的用户交互。

在界定数字化时，特别强调消费品领域的 C 端。那么，如果 B2B 没有触达 C 端，还是不是数字化？应该说，虽然 B2B 作为渠道数字化的先锋，在渠道数字化进程中起到了很大的推动作用，但 B2B 仍然介于信息化和数字化之间。

没有 C 端数据，B 端数据就是预测数据。在 B2B 三大模式中，以品牌商为经营主体的 F2B 和以经销商为经营主体的 B2b 实际上是内部管理系统，是以数字化方式表现的 ERP（企业资源计划）系统。B2B 模式下的第三方，如阿里零售通、京东新通路，就是因为没有连接 C 端，没有真正的用户数据，虽然曾经规模做得很大，但最终转型其他业态。未来，当 F2B2b2C 数字化模式实现时，B2B 将内化为系统内部工具，不再是独立的数字化系统。

社区团购是 B2b2C（经销商—零售商—用户）形态的数字化，虽然也曾因为低价遭诟病，但社区团购是有用户（C 端）数据的，是有可能围绕用户数据建立数字化闭环系统的。C 端实时数据是一切经营数据的源泉，其他数据都是根据 C 端实时数据推演计算出来的。

选对数字化主战场，才能打胜仗

因新冠肺炎疫情，企业内部各个部门都在尝试新技术、新方法、新实践以实现数字化，但效果始终难如人意。核心问题就是即使企业中某个部门的数字化尝试小有所成，但数字化的规模太小，不足以使企业整体实现数字化。快消品行业龙头企业尤其如此。

在我国市场，现在很多行业龙头企业的年销售额已达到百亿乃至千亿元，如果只是连接了百万或千万级的用户，产生了亿元级、十亿元级的线上交易，这样的数字化对于行业龙头企业来说并不能起到多么大的作用。

目前，运营私域流量的方法很多，但只要在量级上不能与传统渠道百亿、千亿元的年销售额相匹配，就只能称之为数字化探索，无法在企业全面推广。企业必须找到数字化转型的主战场，才能全力以赴。

对于传统快消品企业来说，以前的平台电商（如淘宝、京东）不是主战场，各种用户规模有限的私域流量运营模式目前也没能发展成主战场。2021 年，我国网络用户规模已经超过 10 亿，阿里巴巴的用户数量约为 9 亿，拼多多的用户数量约为 8 亿。所以，在定义数字化主战场时，应把能否连接亿级用户作为主要指标。对企业来说，连接亿级用户是非常不容易的，这正是对行业龙头企业的考验。如果数字化模式无法连接亿级用户，其就不是主战场，只能称为边缘战场。

寻找主战场，是传统企业数字化转型亟需解决的问题。只有找到自己的主战场，才能打胜仗！

数字化的三大战场

各类平台之所以受到重视，是因为它们首先达到了亿级用户规模。平台的数字化手段是 B2C，也称为数字化渠道，包括电商平台、社交平台、内容平台。

（1）电商平台，如淘宝、京东、拼多多、美团，用户都是亿级体量。

（2）社交平台，如微信，用户是亿级体量。

（3）内容平台，如抖音，用户是亿级体量。

相比已经达到亿级用户体量的平台，有的快消品企业虽然在全网达到了千万级用户，但目前极少有快消品企业能达到亿级用户体量。因此，平台电商模式是数字化的第一战场。其主角是平台，不是厂家（品牌商）。在平台电商的发展进入存量时代时，一定要找到新的数字化主战场，否则，数字化刚开始就要结束。

数字化的第二战场是什么？我认为是传统企业的渠道数字化，具体来讲就是 F2B2b2C 模式。我特别强调了两个概念：一是传统企业，二是通过传统企业的传统渠道实现数字化。

F2B2b2C 模式能连接亿级体量的用户吗？从目前单一品牌的试点看，F2B2b2C 模式已经在单个省会实现了千万级体量活跃用户的连接。如果延伸到全国，连接亿级体量的用户并不是问题。除了传统企业的传统渠道外，还有其他方式能够连接亿级用户吗？目前没有。

快消品行业龙头企业，通常年销售额为百亿甚至千亿元，家庭用户渗透规模也是亿级。如果要连接亿级体量的用户，必须"成建制、有组织"（本书以"成建制"表达系统化、有组织地从事运营工作）地利用传统渠道。数字化第二战场的主角是传统行业龙头企业，因为只有它们能够利用深度分销实现对百万终端的掌控，利用百万终端、千万触点，成建制、有组织地连接亿级用户。

数字化的第三战场在哪里？实际上，只要用 F2B2b2C 渠道连接了亿级用户，就相当于几乎所有 b（零售商）都连接了 C（用户）。当 b2C 的用户连接数达到亿级体量时，新零售就实现了，而且可以匹配新制造。新制造成就了零售业的新型供应链。新制造的模式是 C2M（顾客—制造商）或 C2F（顾客—厂家）。

传统零售业的困境既源于客源的流失，也源于平台电商体系对传统价格体系的冲击。b2C 将会形成新的流量体系，并且与平台电商争流量，这是零售企业数字化转型的关键所在。但零售端的价格体系只有通过新型供应链才能改变，因此第三战场的主角是零售巨头。零售企业可连接亿级用户，建立有竞争力的新型供应链。

数字化三大战场以及相对应的主角和运营模式见图 1-1。

第一战场：主角是平台，运营模式是 B2C 模式。

第二战场：主角是传统行业龙头企业，运营模式是 F2B2b2C 模式。

第三战场：主角是零售巨头，运营模式是 C2F 模式。

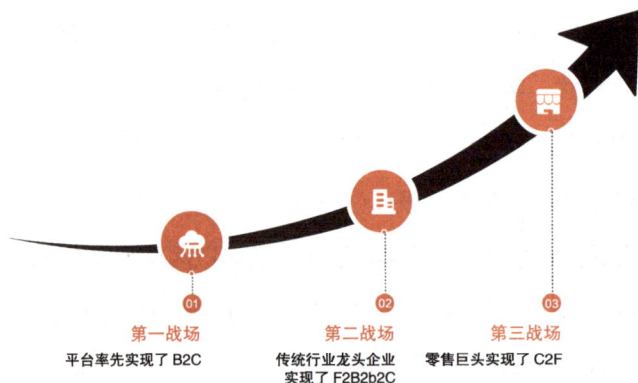

第一战场
平台率先实现了 B2C

第二战场
传统行业龙头企业
实现了 F2B2b2C

第三战场
零售巨头实现了 C2F

图 1-1　数字化三大战场及相对应的主角和运营模式

第一战场，平台是主角

1. 电商带来了 10 年增量

电商市场成为近十年的主要增量市场。我们可以对比电商的"增速"和传统渠道的"减速"。2012年，对快消品行业的多数企业来说是关键的一年。未来，行业的销量还能否持续增长？

2013年，我国电商零售额接近3 000亿美元，规模超过美国，我国成为世界上最大的网络零售市场。从此，传统企业面临双重挑战：一是行业销售总量（数量，非金额）下降的挑战；二是电商新渠道的挑战。传统企业自1980年以来的增量环境不存在了。我曾提出两个猜想：2012年以后，没有一个知名快消品品牌通过大众媒体广告取得成功；2012年以后，没有一个知名快消品品牌通过深度分销取得成功。

这两个猜想说明传统营销模式失效了。传统营销模式就是HBG（How Brands Grow，品牌是如何增长的）模式，HBG模式可以表达为一个公式：品牌增长 = 渗透率 × 想得起 × 买得到。其对应的营销动作是"大规模生产，大规模传播，大规模分销"。由拜伦·夏普（Byron Sharp）教授提出的这一模式在我国的应用就是品牌驱动（表现为大众传播）和渠道驱动（表现为深度分销）。

在传统渠道"减速"时，电商成为近10年来的主要增量市场。2011—2020年我国网上零售额与社会消费品零售总额及网上零售额占比见图1-2。

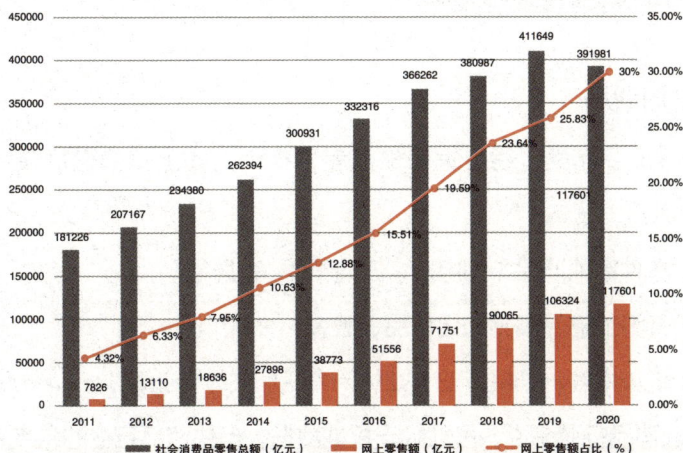

图1-2　2011—2020年我国网上零售额与社会消费品零售总额及网上零售额占比

从图 1-2 可以看出，我国网上零售额在 2011 年还不到社会消费品零售总额的 5%，而 2020 年已经高达 30%。这是一个无论线下多么强大的企业也不得不正视的挑战。本书提出了主战场和主角两个关键词。比如，第一战场是平台电商，主角是平台，所有品牌商都是配角，无论品牌商的规模多大，包括各行业的龙头企业都是如此。

在提出前述两个猜想后，本书还提出另一个猜想：依托平台电商成功的快消品品牌均为分众或小众品牌，鲜有大众品牌。行业龙头之所以成为龙头，是因为其在份额最大的大众品类上占据优势。

商业思想是有立场的。站在平台立场，平台成为主角是平台的成功。站在品牌商立场，行业龙头企业成为无足轻重的配角，则是行业龙头企业的失败。在平台"二选一"盛行的年月，行业龙头企业也被迫"二选一"（只能在一个平台销售）。出现如此现象，与电商的特征有关。电商是长尾市场，这种现象早在 10 多年前克里斯·安德森（Chris Anderson）的畅销书《长尾理论》中就已被提及，即电商是无限货架。

只要是无限货架，就有无限 SKU；只要有无限 SKU，就有无限商户入驻；只要有无限商户，行业份额就被无限细分；只要行业份额被无限细分，行业龙头企业的份额就会受到抑制。

2. 谁的战场

不同行业、品类，线上销售份额差异很大。线上销售份额较大的产品或行业包括：

（1）单件高值产品（如电器、3C 产品、家居等）；

（2）高附加值品类（如化妆品、服装）；

（3）低集中度的长尾行业（如休闲食品、文体行业等）。

对于快消品行业来说，虽然缺乏权威数据，但快消品行业的特点决定了其线上销售份额占比不大。

快消品行业的特点：一是快消品品类的消费相对高频，"快消"就隐含着高频之意；二是快消品的即时消费、非计划购买比较多；三是多数快消品通过深度分销已经做到了"无处不在，随手可得"；四是快消品的单位价值不高，毛利低，即使通过电商销售，价格变化也不大。在电商快速发展的时期，快消品行业龙头企业比较尴尬，即使大力投入，收获也不大。因此可以说，在快消品行业，电商可以快速托起一个分众品牌，但难以支撑一个大众品牌；电商可以快速托起一个创业企业，却无法支撑一个巨头崛起。

本书自始至终强调一个概念：量级。十、百、千、万、十万、百万、千万、亿，这些都是量级的概念。分众品牌、小众品牌与大众品牌相比，存在量级的差别。差别可能是一个量级，也可能是多个量级。

在讲到用户数量时，常用到亿级体量的概念。平台电商已经开辟了亿级体量的第一战场，第二战场的量级应该与第一战场的量级相同，也应该是亿级。

平台本身的用户量级是亿级，分流给商户的用户量级，充其量是千万级，多数商户百万级都达不到。传统企业千万、亿级的销售额，难道可以通过十万、百万级的用户实现吗？答案是不能！快消品行业龙头企业无法通过第一战场实现百亿、千亿级的销售规模，就要寻找数字化转型的第二战场。

3. 第一战场进入存量期

从网络用户数量、平台用户数量、全网零售额占社会消费品零售总额的百分比等多项指标看，电商已经进入成熟期。成熟期的市场就是存量市场。

（1）网民规模与互联网普及率。

从图1-3可见，我国网民规模和互联网普及率的增长已经进入稳定期，以后增长缓慢。

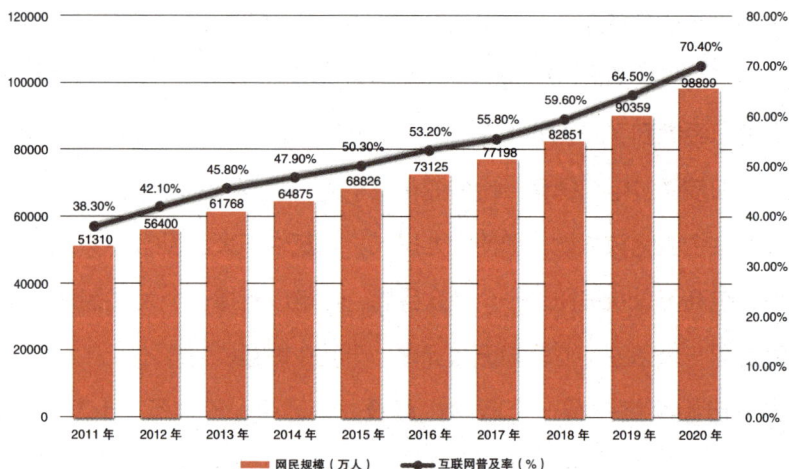

图 1-3 2011—2020 年我国网民规模及互联网普及率

（2）主要平台的用户增长情况。

微信、淘宝、拼多多等主要平台的用户增长已经进入缓慢增长期，见图
1-4。

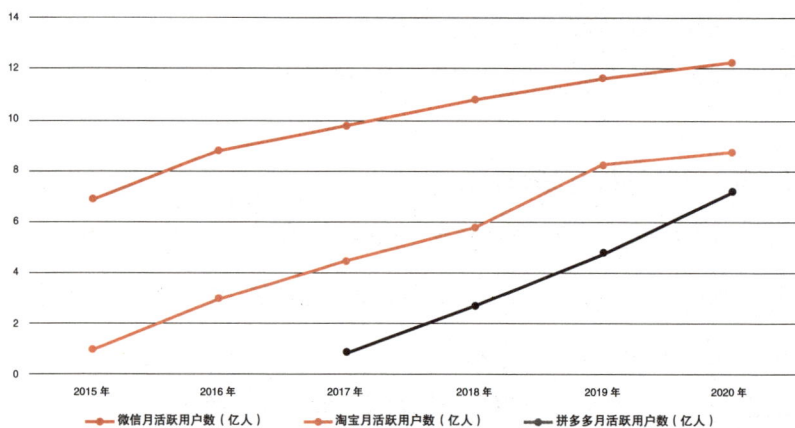

图 1-4 2015—2020 年微信、淘宝、拼多多月活跃用户数（MAU）增长趋势

（3）用户分层普及情况。

淘宝、京东率先完成了城市核心消费者的普及，拼多多完成了"五环外"

消费者的普及，抖音和快手完成了农村市场消费者的普及。

（4）实物商品网上零售额占社会消费品零售总额的比例。

2020年，实物商品网上零售额占社会消费品零售总额的比例为24.9%，2021年前三季度该比例为23.6%。电商进入存量市场，一方面是因为受电商的销售场景所限，不是所有品类都适合电商场景；另一方面是因为触达、连接C端的路径多元化，互联网给了所有经营主体连接C端的技术能力。

电商已进入存量市场，这是非常重要的判断。如果数字化过程中找不到新的增量市场，数字化周期就要结束了。

原来是有限的平台抢线下市场的份额，现在是众多经营主体通过数字化回抢电商企业的份额。相比于电商的B2C模式，品牌商的F2C模式更加高效、便利。如果说在电商快速发展的10年，传统企业转型遇到了困难，那么当线上线下融合时，线上企业转型线下可能遇到更大的困难。

数字化要求线上线下融合，即线上线下没有边界。企业一定要既懂互联网又懂传统渠道。现在，计算机已经成为多数大学生的必修课程。但是，只有计算机专业背景的人想搞懂传统渠道，是相当费劲的事。

第二战场，传统行业龙头企业是主角

一个现实是：截至2021年年底，大部分快消品行业龙头企业的电商销售额在整体销售额中占比均没有超过10%，这是我与各龙头企业总裁深入交流时了解到的数据。这意味着电商注定不能成为传统行业龙头企业的主战场。我们不认为有人会相信只有不到10%份额的市场是主战场。例如，目前对外公布数据的蒙牛乳业（电商销售额占比5%，2019年数据）、青岛啤酒（电商销售额占比5%，2021年数据）、六个核桃（电商销售额占比1.8%，2021年数据）等都是如此。

快消品行业龙头企业，只有线下约90%的份额实现了数字化，才算真正

实现了企业全面数字化。

数字化主战场要有亿级体量的用户，这就带来三个问题。第一，谁有能力形成新的亿级规模的用户连接？第二，用什么技术手段连接亿级用户？第三，连接亿级用户的触点在哪里？

私域流量是目前很热门的话题，其核心是 F2C（厂家—用户）模式的数字化。在私域流量运营体系中，非常强调一个词：裂变。但私域流量也面临一个现实：即使是裂变做得不错的私域流量，活跃用户也不过百万量级。获得亿级体量的用户十分困难。私域流量之所以强调裂变，主要是因为厂家（品牌商）触达的用户数量有限，只有通过用户裂变快速增加用户规模。然而，能够快速裂变的产品品类更多是分众和小众品类，分众和小众品类的特征又决定了即使有裂变，用户体量仍然不大。

与成建制、有组织地发展私域流量的 F2B2b2C 模式不同，多数私域流量的 F2C 模式是通过"打游击战"获得的。因为多数私域流量缺乏线下密度，难以与线下整合，只能采用 F2C 模式。F2C 模式的私域流量，规模小、激活难、黏性弱，虽然在技术上的运营难度不大，但难以成为数字化的主流。我认为私域流量最大的问题在于，F2C 模式的私域流量在商业上有"道德瑕疵"。比如，从公域向私域引流，或把他人的私域一次性变成自己的私域，这类做法有可能获得一定规模的用户，但要想做到亿级体量，可能性不大。

第二战场的主角之所以是传统行业龙头企业，是因为传统的深度分销本身就是 F2B2b（厂家—经销商—零售商），已经深入了终端的层面，只要前进一步，就是 F2B2b2C。如此，即便没有用户裂变，一次性触达的也是海量规模的用户。

对于我国的终端数量，如零售店数量，大家比较认同的说法是 600 多万家；对于餐饮店数量的分歧较大，一般认为在 400 万 ~ 900 万家。哪些快消品企业有可能连接亿级用户呢？2021 年 11 月 18 日，凯度消费者指数发布"覆盖上亿中国城市家庭的快速消费品企业"榜单，有 23 个品牌已经实现覆盖 1 亿户家庭（见图 1-5）。虽然不是每个企业都要连接亿级用户，但一定有相当数量的企业能够做到，否则，就谈不上数字化的规模和主战场。行业龙头企业通过深度分销体系往 C 端延伸，成建制、有组织地运营，完全可能形成"百万终端，千万触点，亿级用户"的格局。

厂商	消费者（亿户）		增长率（%）	渗透率（%）
	截至 2020 年 10 月 9 日的一年	截至 2021 年 10 月 8 日的一年		截至 2021 年 10 月 8 日的一年
伊利集团	1.69	1.74	3.0	92.5
宝洁集团	1.68	1.72	2.5	91.4
蒙牛集团	1.67	1.71	2.7	91.0
康师傅控股	1.55	1.57	1.4	83.4
可口可乐	1.44	1.50	4.1	79.8
联合利华	1.44	1.50	4.0	79.6
海天味业	1.46	1.49	2.5	79.2
恒安集团	1.41	1.44	1.7	76.3
雀巢集团	1.43	1.41	-1.5	75.0
百事公司	1.30	1.36	5.2	72.4
农夫山泉	1.31	1.36	3.6	72.2
纳爱斯集团	1.27	1.32	3.6	70.0
立白集团	1.30	1.31	0.8	69.8
旺旺集团	1.19	1.24	4.4	66.0
达利食品集团	1.18	1.22	3.4	64.9
亿滋国际	1.24	1.22	-1.6	64.9
益海嘉里	1.16	1.20	3.5	63.9
玛氏集团	1.21	1.19	-1.2	63.4
双汇集团	1.19	1.17	-1.4	62.3
高露洁 - 棕榄	1.10	1.12	1.1	59.2
统一集团	1.09	1.11	1.9	58.8
华润集团	1.07	1.11	3.7	58.8
维达集团	0.97	1.07	9.9	56.8

图 1-5 "覆盖上亿中国城市家庭的快速消费品企业"榜单（部分）

当然，百万终端与亿级用户之间仍然差两个量级。所以，"千万触点"也很重要。否则，企业仍然会寄希望于裂变。

触点，就是终端与用户之间的层面。用户触点是指能够被用户通过感官接触到的，直接或间接地传递目标信息并连结用户的实体、服务或环境。运营私域流量时，找到第一触点很重要。第一触点过少，企业对裂变的需求就会很强烈。第一触点多，就变成"有裂变更好，没有也无所谓"。实现用户裂变是特别困难的事，是需要很多前提的。

以亿级用户体量来看，第二战场的主角无疑是传统行业龙头企业。当然，不是说传统行业龙头企业天然就是主角，但只要打通了 F2B2b2C 链路，其就是主角。传统深度分销已经形成了 F2B2b 链路，传统的线下链路转移到线上问题不大。触达亿级用户还需要千万触点，因此千万触点的设计就成为关键。千万触点的设计问题解决了，利用传统深度分销形成的渠道动员力，就不难连接亿级用户。

传统行业龙头企业一定要将渠道组织、控制、动员做得特别好，不要认为"只要做好产品、品牌，渠道自然成。"深度分销直达终端零售店，这是我国传统营销渠道驱动的基础。尽管深度分销模式对于从根本上成就品牌已逐渐失效，但这个基础也创造了众多的用户触点。这就给渠道数字化提供了新的战场，通过终端环节与用户建立技术上的关联，即用户连接，这就是百万终端，千万触点，亿级用户的逻辑。

第三战场，零售巨头是主角

第一战场解决了平台和创业企业的数字化问题；

第二战场解决了传统行业龙头企业的数字化问题；

第三战场则要解决零售巨头的数字化问题。

目前，传统零售业处于相对低谷期。零售业的特点是"创新—共生"形态，最古老的零售形式——杂货店目前仍然存在，各个时代的创新零售模式都能在零售业态中拥有一定份额。

哈佛教授麦克奈尔提出的"零售业轮转假说"理论认为，新型商业机构初期都是"三低"（低地位、低毛利、低价格）的，如果取得成功，就会改善设施，提供更多服务，接着就会增加费用，强制提高价格，结果它们都会与被它们替代的商业机构一样，成为"三高"（高地位、高毛利、高价格）机构，直至新的商业机构出现。按照零售业轮转假说理论，创新的商业机构从"三低"变成"三高"，优势会逐渐丧失，电商目前就是如此。同时，传统商业也会逐渐调整，直至新型商业与传统商业形成新的共生形态。

传统零售业目前就在调整中。调整的方向：一是通过 b2C（零售商—用户）与用户建立数据关联，即零售商数字化；二是基于 b2C 获取的用户数据，建立新型供应链 C2F（用户—厂家），获得差异化产品和定价权。

零售业面临两大问题：一是客源流失；二是因为无定价权带来的盈利能力缺失。客源流失，对零售业是"非战之罪"。电商开辟了新的销售场景，分流客源是必然的，线下零售很难左右。

传统企业通过 F2B2b2C 路径连接 C 端，这个过程中，大店 [在这里指体量大的零售店；大店有两种含义，一是体量大的零售店，二是大型连锁店，如 KA（关键用户）商超] 有能力实现 b2C，小店（体量小的零售店，比较典型的是"夫妻店"）也能借助其他方的技术工具实现 b2C，比如社区团购就帮助小店实现了 B2b2C（经销商—零售商—用户）。全链路数字化的技术路径见图 1-6。

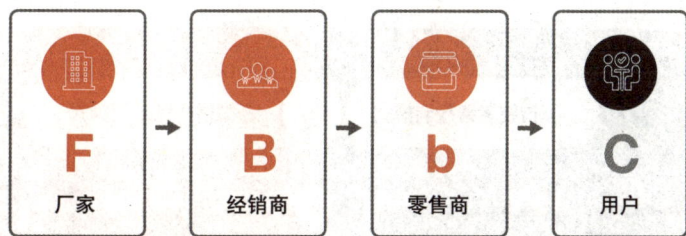

图 1-6　全链路数字化的技术路径

零售商连接 C 端，就实现了终端"双场景"：既有线下场景，又有线上场景。除此之外，还有线上线下结合的 O2O（线上到线下）场景。客源流失的问题将会有所缓解。

零售商无定价权带来的盈利能力缺失，是零售业很大的问题。长期以来，这个问题被零售业的高增长掩盖，一旦不再增长，就成为零售业的"毒瘤"。

零售业多采取后台盈利模式，即收取各类进店费，但收取进店费会带来两个问题。

（1）让渡零售店的主导权和资源给供应商。由此，不是零售店主导零售店的销售，而是供应商主导零售店的销售。比如堆头、陈列，只要供应商花钱即可，这等于把流量资源让渡给供应商。比如导购，就是对消费者行为的干扰，有损零售店的利益。

（2）零售业的供应链主要是公共供应链，各零售店之间的供应商差别不大。因为供应链缺乏差异性，产品就缺乏差异性；产品缺乏差异性，零售店就没有定价权；没有定价权，零售店就会缺失盈利能力。

当零售业实现了 b2C，就可以建立数字化的新型供应链 C2F。新型供应链的要求是：直达源头，独家好货。直达源头，就是指新型供应链的去中间化。独家好货，就是指零售商掌握定价权。因为"独家"，所以有定价权；因为有"好货"，所以用户认同定价权。 传统零售盈利模式与新型供应链盈利模式的区别见图 1-7。

图 1-7　传统零售盈利模式与新型供应链盈利模式的区别

目前，零售业企业在打造新型供应链方面做得比较好的是胖东来和名创优品。

胖东来很早就采取"自采"模式，与河南四家区域零售商（许昌胖东来、洛阳大张、南阳万德隆、信阳西亚）联合成立"四方联采"。据一离职高管透露，其自采率非常高，远超多数人的认知。自采的毛利比采用传统供应商供货高出 10% ~ 15%，甚至可能更高。

什么是自采？就是绕过传统供应链，建立直达供应链源头的独立采购体系。自采率高，意味着企业的产品与同业其他企业的产品差异大，企业掌握了定价权。自采的高毛利，支持了胖东来员工的高薪酬——比同业其他企业约高一倍。员工的高薪酬，支持了胖东来的企业文化——"变态"服务文化。胖东来的"自采—高薪—'变态'服务文化"形成了闭环的自洽体系，国内一些地方性的零售企业也采用这套模式，效果很好。

名创优品是打造新型供应链的另一个典范。名创优品对供应链的管理原则是"三高"（高"颜值"、高品质、高频率）和"三低"（低成本、低毛利、低价格）。那么，在采用低价格的情况下，怎么才能实现盈利呢？名创优品的供应链管理有三点值得参考。

（1）**直达源头的 C2F 模式**。从厂家到商店，没有中间商。这是供应链差异化的重要一步。

（2）**供应链全流程数字化**。如何有效管理 600 多个供应商及供应链的多个环节？名创优品有一套供应链管理系统。这套系统纳入了设计师、产品经理、供应商等，使得每一个环节都能够实现数字化管理，以提升存货管理效率，缩短订单完成时间。

在产品设计阶段，产品经理将初步的产品设计方案发给供应商征求意见；当产品确定可以上市后，系统会自动向供应商下单，供应商按单生产；产品生产出来后，供应商根据要求的时间地点，用这个系统管理从工厂到仓库的物流；同时，通过供应链管理系统，供应商可以获得终端的实时销售数据，动态地优化生产计划。

零售商利用掌握的用户数据参与源头的产品设计，这是数字化闭环的重要一步。截至 2020 年 6 月 30 日，名创优品有 2 047 名员工，其中负责产品研发和供应链管理的员工有 613 人，占全部员工的比例为 29.9%。

（3）独家好货。每隔 7 天，名创优品产品团队就从 1 万个产品创意中挑选出 100 个新的 SKU，这被称为"711 原则"。2019 年，名创优品平均每月推出 600 个新品。

优质的供应商为什么愿意同名创优品合作？叶国富曾分享过经验：一把手、用钱"砸"、下大单、给现金，让优质供应商成为战略供应商。现金、大单，这是供应链博弈中企业重要的筹码。供应商享受了此优惠，与企业签合同时就要接受独家条款。比如，排他性条款。

零售业的发展，已经进入了"双品牌"阶段。大型零售企业本身就是品牌，对零售品牌的信任，将延伸到其所经营的产品上，这就是现代零售业的重要特点：品牌覆盖——零售品牌覆盖制造商品牌。因此，零售企业纷纷发展自有品牌，建立有别于传统供应链的新型供应链系统。C2F 不是数字化时代的专利，在信息化时代就已经在欧美国家实施。2020 年的数据显示，欧美市场自有品牌的市场占有率高达 18% ~ 40%，其中山姆会员商店的自有品牌销售占比达 25%，欧洲的 ALDI 奥乐齐连锁超市的自有品牌销售占比甚至高达 95%。

数字化，源于用户数据，通过数字化闭环，服务于用户。企业在连接用户的过程中获得用户数据，通过新型供应链获得独家好货，最后服务于用户。

站在零售商的角度来看，C2F 数字化系统将是数字化的第三大战场。当然，站在厂家（品牌商）和经销商的角度来看，这也是去中间化，有损厂家和经销商的利益。C2F 模式的"直达源头"意味着要绕过渠道系统——公共供应链。

从厂家和经销商的角度看，数字化第一战场对厂家和经销商有分流作用，数字化第三战场同样会分流厂家和经销商。因此，厂家和经销商更应该抓住数字化第二战场的红利，尽快取得主导地位。

明身份，识战场，知边界

未来，所有经营主体都应实现数字化。但是，不同经营主体的主战场不同，规模也不同。数字化营销专家公方刚老师总结为：明身份，识战场，知边界。

明身份，即确定你是谁。 是平台，还是厂家、经销商、零售商？

识战场， 不同身份的经营主体有不同的主战场，不要把资源过多投向别人的主战场。

知边界， 即确定在你的主战场能做到的最大规模。

第一战场： 主角是平台。在快消品行业，主要参与者是创业者和分众、小众企业，边界是千万、亿、十亿级规模，有的企业已经接近百亿级规模。所以说平台是"创业者的天堂，分众企业的沃土"。经营边界，即最大规模"天花板"。在快消品行业，创业者能够轻易达到千万级规模，分众企业能够达到亿、十亿级规模。这就是边界。

平台为什么是创业者的天堂？因为平台是公共设施。公共设施的存在，可以减少创业者前期的投入，以及使企业迅速形成一定规模。但问题也很明显，企业规模可能永远停留在创业期。

平台为什么是分众企业的沃土？一直以来，都有人提倡市场细分，但成功者不多。因为终端的"末位淘汰"策略不因你是分众企业而降低门槛。所以，大众渠道有排斥分众、小众企业的倾向，而平台电商是长尾市场，分众、小众企业聚集相对容易。

第二战场： 主角是传统行业龙头企业。平台能够达到百亿、千亿级规模，但被所有商户瓜分。而传统行业龙头企业单一品牌的规模可能就是千亿级，传统行业龙头企业一定要有自己能够主导的数字化模式。百亿、千亿级规模，连接的用户数量一定是亿级。除了平台有亿级用户以外，能够连接亿级用户的经营主体只能是传统行业龙头企业和零售巨头。

第三战场：主角是零售巨头。零售巨头做到千亿级用户规模不难，连接千万、亿级 C 端也不难，但通过连接 C 端打造新型供应链非常难。

任何创新都可以看作是经济学家约瑟夫·熊彼特提出的"创造性破坏"，即每一次大规模的创新都会淘汰旧的技术和生产体系。因此，总是有人欢喜有人忧。

第一战场的崛起，使媒体宠儿从品牌商的企业家，变成平台创始人。平台崛起过程中，长尾效应越来越强，传统行业龙头企业大致保持市场份额。活跃的创业者、分众企业和沉闷的传统企业，形成了鲜明的对比。对于传统行业龙头企业来说，第一战场不是主战场，只能视为边缘战场、次要战场。边缘战场并不意味着企业就不用关注。

第二战场的崛起，使传统行业龙头企业再次成为主角。行业格局将是：龙头更大，"长尾"更长。中等规模的企业可能很难取得更好的发展。这是一个线上线下融合，甚至线下反攻线上的过程。

第三战场的主角是零售巨头。但新型供应链的形成，对传统品牌商、渠道商将是很大的冲击。因为"直达源头"本身也是另一种去中间化。

过去的十年，第一战场是主战场；

从现在开始，第二战场是主战场；

不远的将来，第三战场是主战场。

1.2 数字化模式之争：F2C 还是 F2B2b2C

F2C 模式就是私域 1.0 模式，F2B2b2C 模式就是渠道数字化模式。电商崛起之后，数字化模式到底是 F2C 还是 F2B2b2C？这不是简单的技术问题，而是发展方向的问题。

在数字化的实际应用中，用 F2C 模式表述的比较少。本书一直强调站在厂家（品牌商）角度思考，因为厂家的渠道数字化是数字化的第二战场。简单来说，F2C 是厂家新零售模式，强调厂家私域流量运营，F2B2b2C 就是渠道数字化模式。之所以用 F2C 而不是 B2C，就是为了明确站在 F（厂家）的立场上，而 B（经销商）是宽泛的经营主体。

无论是旧零售还是新零售，都是 2C，只不过有线下零售与线上零售之别。在消费品领域，除了传统直销外，厂家是不做零售的。通过零售方式触达亿级用户，在过去是不可想象的。因此，在传统商业体系中，厂家（品牌商）、分销商和零售店有严格的分工，轻易不越界。越是大品牌，越是遵循渠道分工。

私域流量运营是指从公域（如平台）、他域（如媒体渠道、合作伙伴等）引流到私域，以及基于私域本身产生的流量开展用户运营。无论流量从何而来，最终私域流量运营都表现为零售。站在厂家角度来看，私域流量运营就是 F2C。

传统企业遵循渠道分工是因为直销规模很难做大。在数字化时代，以线上直销形态呈现的新零售能够把规模做大吗？部分采用 F2C 的企业也许能做成，但 F2C 不一定能解决传统企业数字化的根本问题。即使做了 F2C，还得再做 F2B2b2C。总之，F2B2b2C 是传统企业无法越过的关口。这两年，绝大多数企业选用了 F2C 模式来做数字化，结果不太理想。很多传统企业发现，F2C 数字化的作用聊胜于无。其核心原因是流量太小，规模做不大。

不过传统大企业眼里的"聊胜于无"，在创业企业和小众企业眼里可能是惊喜。所以，数字化模式的效果要看与什么类型的企业匹配。数字化两大模式 F2C 与 F2B2b2C 的区别是：F2C 模式门槛低，"天花板"也低；F2B2b2C 模式门槛高，"天花板"更高。

F2C 模式的门槛低，说明启动相对容易；"天花板"低，说明最终规模不够大。企业采用 F2C 模式做到十万、百万级的用户规模不难，做到千万级就比较难了，亿级基本不可能。F2B2b2C 模式的门槛高，不是成本高，而是启动需要动用的资源多，特别是对传统渠道的改造难度大。但是，高难度的资源动用后，一旦形成效果，"天花板"之高可能是惊人的。F2C 模式与 F2B2b2C 模式都是用于触达 C 端、连接 C 端、运营 C 端的，但两者差别极大，见图 1-8。

图 1-8　F2C 与 F2B2b2C 模式的区别

以 F2C 模式开局的利与弊

当传统企业发现数字化是一个绕不过去的坎时，往往把应用 F2C 模式作为实现数字化的第一个动作。我认为这有 6 个方面的原因。

（1）2020 年，数字化模式百花齐放。之所以出现这种情况，是因为出于试错的目的，谁有想法，企业都支持。在模式选择上，厂家高层没有倾向性。在传统渠道不支持、费用不高的情况下，企业很容易选择 F2C 模式。因为 F2C 模式的门槛比较低，短期内可以不需要过多技术的支持。

（2）存在 F2C 模式与传统渠道无关的认知误区。在对数字化的理解上，有人认为其应该没有传统的成分，是相对"纯粹"的，F2C 模式与此是相符合的，而 F2B2b2C 模式有传统渠道商和销售团队的参与。

（3）F2C 模式是 B2C 模式的变种。直到现在，数字化就是去中间化的观点仍然存在。有电商的 B2C 模式作为榜样、标杆，企业想不做 F2C 模式都很难，除非实践证明 F2C 模式有问题。F2C 模式无论在技术还是商业操作上都是可行的，只不过规模太小，无法满足行业龙头企业的期待而已。人们对 B2C 存在误解，认为数字化是"没有中间商赚差价"，做数字化就要坚持去中间化。因此，B2C 模式往前推进就会形成 F2C。本书在后面将讲到，B2C 的实质是 B2P2C（经销商—平台—用户），平台是新中间商，B2C 是标准的新中间化模式。

（4）F2C 模式由很多讲师、咨询公司和系统服务商推动。从 2020 年开始，与私域流量相关的培训相当热门，数字化咨询相当火。F2C 模式是平台电商（B2C 模式）和社交电商（用户裂变）的综合体，其结合了平台电商的商业模式与社交电商的引流方式。平台电商的去中间化思维影响了很多数字化从业者。与此同时，社交电商的裂变模式，使讲师界人才辈出。小型企业的数字化容易受社交电商培训的影响，传统行业龙头企业的数字化容易受咨询公司的影响。

（5）F2C 是相对成熟的操作模式。一种模式的全面推行，一定要有相对成熟的操作，即做到"模式化"。特别是在引入 F2C 模式后，社交电商形成了很多设计精巧的方法，比如社交电商津津乐道的用户裂变。社交电商（例如微商）虽然受直播这一形式的影响逐渐衰落，但其工具、方法在 F2C 领域有用武之地。

（6）受新零售系统工具的影响。F2C 模式其实就是品牌商新零售，即厂家进入零售领域。在新零售理论被提出之后，大量系统服务商提供了技术工具，推动了新零售的发展进程。

去中间化的本质使得 F2C 模式的规模做不大

在 F2C 模式下，F（品牌商）与 C（用户）直接连接，想形成规模很难，一定要有中间触点。否则，传统企业早就直接连接到 C 了，不会费那么大劲儿还只是通过深度分销连接到 b（零售店）。F2C 的逻辑是：F 先找到触点触达 C，再通过裂变连接更多的 C。

触点、裂变，这是 F2C 的两个关键词。触点要足够多，裂变速度要足够快。

F2C 的用户规模公式：

F2C 的用户规模 ＝ 用户触点数 × 裂变速度

1. 第一个问题：缺乏有组织、有规模的触点

传统企业营销有两大部分：市场部门（品牌部门）与媒体打交道，通过媒体间接触达用户；销售部门与渠道商打交道，通过终端部分触达用户。这是企业具有营销价值的触点，企业其他的触点整体上不具备营销价值。

由于 F2C 模式本质上是去中间化、去终端化的，所以其有损销售部门、渠道商的利益。因此，销售部门、渠道商可能不愿意提供触点。

如果没有渠道"成建制、有组织、有规模"的触点，那么，还有两类触点可用。

（1）把平台引流的用户当作触点，即公域转私域。

（2）把商业化的"大V"、超级 IP（知识产权）、KOL（关键意见领袖）、KOC（关键意见消费者）当作触点。当然，将这些公域流量变成私域流量是有代价的。

尽管公域转私域困难重重，并会遇到公域平台的抵制，但 F2C 模式依然

热衷于公域转私域，因为公域是唯一能规模性触达 C 端的存量触点。所以，在 F2C 操作模式中，没有亿级用户的概念，没有主战场的概念，有的只是模式能否行得通。如果不考虑裂变，企业通过 F2C 连接亿级用户是一件不可能完成的任务。

2. 第二个问题：裂变之难

F2C 的第二个问题是裂变太难。当用户触点不够时，如果用户裂变速度足够快，同样可以积累相当规模的用户。当数字化进入传统企业领域时，产品类型发生了很大变化。我一直强调，平台是"创业者的天堂，分众企业的沃土"，而传统渠道以大众产品渠道为主。分众产品的用户有裂变优势，大众产品的用户裂变的可能性则比较小。

用户裂变主要有三种形式：一是价值观共鸣，二是利益诱导，三是两者相结合。价值观共鸣式的裂变，主要适合分众、小众用户。比如，江小白在分众、小众和大众用户的反响方面就差异很大：在分众、小众用户层面特别能引发共鸣，在大众用户层面则批评者众多。利益诱导式裂变早期比较有效，现在实施难度很大。只要利益诱导有效，竞品一定会持续加码，直到其失效或企业为此负担的费用居高不下。

3. 第三个问题：激活难

裂变只是解决了用户连接问题，想要用户成为活跃用户就需要激活。有的企业用户数量达到千万级，却难以运营，就是因为大量用户"沉底"了。F2C 模式激活用户的方式单一，只有线上激活手段，主要包括优惠券诱导和持续提醒。但是，这两种方式只适用于对已激活用户的持续激活，不适合用于激活新用户和"沉底"用户。比如，以下自动化营销方案就可以反映线上激活的被动状态。

某企业线上激活用户的方式如下。

（1）用户关注公众号后，首篇推文的主题是"欢迎关注"，介绍品牌历史。

（2）用户关注公众号的前 3 天内，推送的分别是 3 种产品的基本介绍。

（3）用户关注公众号后的第 4 天推送的是限时使用的优惠券。

（4）当用户点击优惠券但是 7 天内没有使用时，则推送优惠券过期提醒。

（5）当用户首次购买时，推送"欢迎加入会员"。

（6）在用户生日时，推送"生日祝贺，并且赠送会员积分"。

……

在采用这一手段时，从品牌商激活用户的角度可以看出：一是品牌商相当被动，用户不应答，品牌商无办法；二是激活手段有限，主要采用利益诱导、反复提醒、触发事件点的通告。

触点少，裂变难，激活难，这三个问题在 F2C 模式下很难解决。在传统企业数字化过程中，F2C 模式在技术、操作上难度不大，但难以形成太大的用户规模，因此难以成为主流模式。

F2C 模式开局很好，结果却通常不太理想。因此，私域流量运营模式也在进化。F2C 模式被称为私域 1.0 模式，随后出现了私域 2.0 模式。私域 2.0 模式是 F+b2C 模式，以零售店为私域流量的聚集之处（b2C）。私域 2.0 模式在连锁直营行业运营得不错，私域 2.0 模式运营得好的企业如麦当劳、百果园、西贝、海伦斯，运营得好的行业如化妆品、服务等行业。这些行业因为是连锁直营，不存在品牌商与终端争用户的问题，把用户聚集在零售店，零售店私域即品牌商私域。因此，其表现形式是 F+b2C。

私域模式在不断进化。私域 2.0 模式只适合连锁直营行业，但快消品行业却以分销为主。分销过程中的私域让渡，就不仅仅是技术连接问题，还涉及渠道链的利益再分配问题，需要构建新的交易底层逻辑。

F2B2b2C 高门槛，F2C 低门槛

如果说 F2C 模式是启动容易，越做越难，那么 F2B2b2C 模式则是启动难，甚至还没启动可能就失败了。渠道数字化 F2B2b2C 模式的核心是"bC 一体化"，b 是零售店。在渠道数字化中，真正与 C 发生更多关联的是 b。在传统深度分销体系中，没有"bC 一体化"概念。在电商 B2C 系统中没有 b 的位置，在私域流量 F2C 模式中同样没有 b 的位置。

"bC 一体化"需要解决三个问题：一是"bC 一体化"的技术手段和技术系统；二是"bC 一体化"的运营系统的底层逻辑设计；三是"bC 一体化"的操作系统。我在 2019 年提出"bC 一体化"的概念就是为了解决这些问题，在本书第二章的"数字化'六双'运营体系"中，我提出"双路径""双私域"的概念，也是为了解决这些问题。

"bC 一体化"这个概念已经逐步被系统服务商、传统企业接受。系统服务商从技术角度利用"bC 一体化"研发技术服务系统，这是很重要的一步。2021 年 9 月由新经销发起的中国快消品大会（第四届中国快消品大会，以"数字化·跃迁探索"为主题，聚焦行业前沿集散地 + 实践探索新案例 + 产业对接新增长，分享数字化实践和未来的发展趋势）上，"bC 一体化"已成为系统服务商的主流技术系统设计理念。

F2B2b2C 的落地，目前还有四个大的关口（见图 1-9）。

bC 技术绑定　　利益分配路径　　数字化操作五步法　　成建制、有组织地动员

图 1-9　F2B2b2C 模式落地的四大关口

1. bC 技术绑定和技术服务系统

从技术角度实现"bC 一体化"的 bC 技术绑定主要有两个优点:一是在服务系统的技术路径上,有 F、B、b 和 C 四方的注册;二是四方的逻辑路径清晰,能够在技术路径上看到四方的关系,特别是 b 与 C 的关系。比如,某个用户属于某个 b 端的私域。

bC 技术绑定是利益分配的前提,F、B、b、C 四方合理的利益分配是"bC 一体化"存在的前提。bC 技术绑定的方式目前主要是 bC 双码和 bC 小程序,这是非常成熟的技术。所以,"bC 一体化"不是技术问题,而是认知问题。

2. "bC 一体化"的运营系统设计

B2C、F2C 等去中间化的数字化模式,只有 B 或 F 一个经营主体,所以关系比较简单。F2B2b2C 数字化模式则有三个经营主体,即三个利益主体,故需要设计一套全新的体系,实现厂、商、店三方一体,利益合理分配。因此,本书提出了数字化"六双"运营体系:双路径、双私域、双场景、双货架、双交付、双中台。这是比 F2C 复杂得多的运营系统,仅仅是在逻辑上搞明白就有困难,更何况还要落地执行。

3. "bC 一体化"操作模式

"bC 一体化"没有实现模式化,就不可能实现大面积推广。在观察和实践的基础上,我提出了"数字化操作五步法"的一线操作模式。当然,这个模式还有待在实践中反复验证、完善。毕竟任何操作模式,都有一个完善和升级的过程:试错,试对,模式化复制,迭代升级。

4. 成建制、有组织地动员终端

F2B2b2C 模式在操作时需要厂家下决心,成建制、有组织地动员百万终端，形成千万触点。厂家下这个决心是有前提的，即完成了对前三个问题的认知、验证。

连接亿级用户一定会有高门槛，所以很多企业很难做到。如同深度分销模式一样，终端动员的标准、模式都不复杂，但管理难度极大。如果F2B2b2C 的 bC 技术绑定和技术服务系统问题、运营系统设计问题、操作模式问题已经基本解决，剩下的问题不在技术和模式上，而是在领导的决心、落地的执行和管理上。

F2B2b2C 是主战场，F2C 是边缘战场

在平台电商出现之前，传统渠道是传统企业唯一的主战场，F2B2b2C 模式将使传统渠道在数字化过程中继续作为主战场。F2B2b2C 有"双场景"和"双客情"（客情即客情关系），而平台电商、传统渠道都是单一场景模式。双场景可以让零售店左右逢源，蚕食单一场景模式的份额。F2B2b2C 还能够实现"双融合"：线上线下融合，厂、商、店三方融合。这对于稳定线下渠道系统非常重要。

在数字化时代，不可能保留一块纯粹传统的"自留地"。纯传统要么消失，要么接受改造，否则，还得重做一遍。目前，新消费品牌正在努力走向线下，传统品牌在努力数字化，两者殊途同归。快消品行业龙头企业要想在数字化时代保持龙头地位，只有采用 F2B2b2C 模式，与亿级用户实现连接。

传统渠道是传统，平台电商现在也正变成传统，F2B2b2C 用数字化解决了两大传统问题。目前来看，传统企业对数字化没有疑问，疑问在于走哪条数字化之路。不管走哪条路，都必须与企业的规模相匹配。

对于创业企业来说，如果没有线上资源，那么把 B2C 平台电商和 F2C 模式作为数字化的主要模式是没有问题的。但是，对于传统企业来说，数字化最终必须由两大模式共同实现。

一个是依托平台电商的 B2C 模式，因为全网零售额已经占据社会消费品零售总额的近 30%，所以不能放弃网上零售。对某些企业来说，B2C 模式还是其实现数字化的主流模式。

另一个是 F2B2b2C 模式。当然，有的企业采用的是 F2b2C（厂家一零售商一用户）模式，这是传统分销模式对应的主流模式，如可口可乐的模式。既然是主流模式，用户规模就应最大。F2C 模式不论做出多大的规模，未来可能都不会是主流，而是主流模式的补充。这也是很多快消品行业在数字化过程中越做越失望的原因：离期望太远。

F2B2b2C 模式最后会不会演变成 F2C 模式？很多出身于电商的人员一直在向传统企业鼓吹这种演变的做法。传统企业会反问：既然厂家已经连接了海量 C 端，还要 B 和 b 有何用？我的观点是：一旦把 F2B2b2C 模式变成 F2C 模式，就会把返回 F2B2b2C 模式的路也堵死。因为 B 端和 b 端再也不相信 F 端了。两种模式是主与辅的关系，F2B2b2C 是数字化主战场，F2C 是边缘战场、辅助战场。

将军赶路，不追小兔。

将军赶路的目标是，打胜仗（F2B2b2C）！F2C 不过是将军赶路时遇到的那只小兔。

我们不能完全否定 F2C 的价值，但请一定要肯定 F2B2b2C 作为数字化主战场的价值。F2B2b2C 模式不会被某个企业垄断，正如深度分销模式不会被某个企业垄断一样。当一种模式成为某个时代的主流模式时，绝大多数企业会选择跟进。2003 年之后的深度分销和 2012 年之后的电商都是如此。

趋势一旦形成，早做晚做都得做，早做的企业就有模式红利。比如，做深度分销的企业只要用好"深度分销八步法"即可。深度分销的"客情"就是"拿脸面换销量"。当深度分销进入"终端资源投入战"时，小企业就无法做了。

由于 F2B2b2C 模式要成建制、有组织地运用渠道资源，第一批实践者虽在运营技巧上不够成熟，但会享受到模式创新的红利。跟进者不得不做，又会出现资源战。例如，淘宝平台最初的"淘品牌"享受了平台流量扶持，而现在淘宝平台已经开始进行资源战了。从模式创新红利到资源战，这是一种商业模式从创新到成熟难以回避的规律。

1.3 对数字化的误解与正解

渠道数字化不同于数字化渠道，但有人经常把两者混淆。渠道有很多种，传统渠道、电商、私域流量都属于渠道。电商（B2C）和私域流量（F2C）是新型渠道，一开始就是数字化的渠道。站在传统企业视角来看，渠道是多元的，电商或私域流量只是众多渠道之一。

渠道数字化（F2B2b2C）则是传统线下渠道与数字化工具的结合体。渠道数字化转型后，传统渠道没有消失，而是与数字化工具融合成为新型渠道。未来所有渠道都要与数字化工具相结合。由于电商过于成功，在渠道数字化转型的过程中，企业难免会与数字化渠道对标，甚至很多思想、观点、方法会受到电商的影响。因此，要先破误解，再立正解。

误解一：电商的 B2C 模式是去中间化的

电商的 B2C 模式是去中间化的，这是基于平台立场的观点，广为人知。然而，这就如同婚介所，不是只有男女两方，还有第三方：中介。电商不是只有 B（商家）和 C（用户）两方，还有"撮合"二者的第三方：平台。对于京东等自营电商平台来说，平台就是 B 端，相当于经销商的角色。对于淘宝等撮合型电商平台来说，平台是第三方。平台要收取流量费，它承担了撮合 B 和 C 的角色。如果没有第三方撮合，商家就没有流量，没法交易，所以商家愿意支付流量费。

B2C 的说法很有"隐蔽性"，其"隐蔽性"在于：这是最短的渠道。似乎没有比 B 与 C 直接交易更短的渠道。私域流量 F2C 模式就是 B2C 模式的翻版，只不过厂家不需要从平台获取公域流量，而是变成厂家（F）直接获取私域流量。B2C 是获取公域流量的最短渠道，F2C 是获取私域流量的最短渠道。这是很多人的观点。

美国著名专家斯科特·布林克尔（Scott Brinker）在其著作《黑客营销：像扎克伯格一样去战斗》中画了一张图（见图 1-10，图中以海外平台为例），清楚地解释了电商的本质不是 B2C（经销商—用户），而是 B2P2C（经销商—平台—用户）。其中，P 是指平台（Platform）。

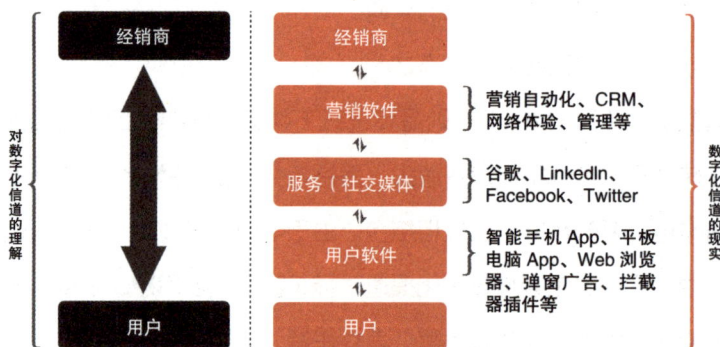

图 1-10　对数字化信道的理解及其现实

传统渠道的渠道商是 B（经销商、分销商）和 b（零售商），是由机构或人组成的，是可见的。在电商平台上，虽然也有"小二"（一种电商职位的口语化叫法，常见于阿里系，小二是平台电商为连接商家而设立的职位），但商家基本上是在和一系列软件打交道。软件是不可见的，以至于我们相信是没有中间环节的。实际上，平台上软件的参数也是人为设定的。不同的商家有不同的权重，软件系统中的参数也有所不同。这跟传统渠道的逻辑一样，渠道商对厂家的重视程度（权重）是不一样的。

电商所说的去中间化，不过是去掉了传统的中间商，但增加了一个由软件系统构成的新型中间商，即平台。以这个新型中间商为中介，把 B 和 C 连接在一起。渠道数字化转型以后，也会像电商系统一样，由一系列的软件系统构成中间商，系统中人的作用就是给系统设定参数。

电商的 B2P2C 路径与渠道数字化的 F2B2b2C 有什么相似点和不同点吗？相似点有两个：一是都有中间环节；二是中间环节为软件。不同点是：F2B2b2C 是有线下渠道的。电商发展的十年，人们对中间商的负面问题谈得过多，似乎 DTC 模式要成为趋势，这是不对的。无论线上还是线下，要想连接更多的 C，就要借助中介，而平台和渠道商都是中介。

误解二：渠道数字化就是 F2C

受电商 B2C 所谓的去中间化影响，有的企业在渠道数字化转型中误入歧途，走上了私域流量 F2C 之路。F2C 不仅追求去中间化，而且还追求去终端化。在 F2C 模式里，没有 B 和 b 的角色，F2C 模式与传统渠道完全无关。如果硬要扯上关系，可能就是将 b 作为跳板（即触点）连接 C，然后用过即丢，没有 b 的角色。

传统行业龙头企业或多或少都做过 F2C 模式，其中没有传统渠道的参与，或者传统渠道不愿意参与，这种做法就是把 F2C 模式当成第二电商。F2C 模式追求去中间化，因此中间商是不会参与的。F2C 模式也追求去终端化，终端只是吸纳私域流量的阵地。

在 F2C 模式中，不仅渠道商不愿意参与，销售团队也不愿意参与。因为 F2C 就是"挖销售团队的墙角"，把流量从线下转移到线上。这使销售团队的利益受损，其当然不愿意参与。正因为销售团队不愿意参与，一些企业的 F2C 模式运营团队与销售团队是两支队伍。有的企业是电商团队在运营 F2C 模式，从平台引流；有的企业是 IT 团队在运营 F2C 模式，希望通过社交裂变引流。这些类似于"打游击"的引流方式，很难形成规模。

误解三：F2B2b2C 就是 F2B+B2b+b2C

传统渠道营销确实是三段式模式：厂家与经销商（F2B），经销商与零售商（B2b），零售商与用户（b2C）。每段相对独立。2015 年开始的 B2B 热潮中出现了三种类型的 B2B，包括以阿里零售通和京东新通路为代表的第三方 B2B、品牌商 B2B（表现为 F2B 或 F2B2b）、经销商 B2B（表现为 B2b）。三种类型的 B2B 用数字化打通了渠道的第一段或第二段。现在看来，第三方 B2B 整体失败了，经销商 B2B 少部分成功，品牌商 B2B 整体比较成功。比较成功的品牌商 B2B 和经销商 B2B 其实是把 B2B 当作管理系统（数字化的 ERP 系统），而不是交易系统。比如，今麦郎的行之有效的"四合一"（人员、片区、车辆、终端机四合一）模式，就是强化深度分销的数字化管理系统。

为什么会存在不成功的 B2B？原因有三个方面。一是没有打通全渠道，没有触达 C 端。没有触达 C 端，就更接近信息化，而不是数字化。二是没有前置中台或区域中台，B2B 运营中产生了大量数据，但一线人员无法得到中台的数据支持。三是去中间化遇到渠道商的抵制。

F2B2b2C 不是三段式数字化模式（F2B、B2b、b2C）的拼装，而是先完成 b2C 数字化，然后加上 F2B2b 的渠道管理系统，最后打通全链路。因此，不能把 F2B2b2C 理解成 F2B+B2b+b2C。F2B2b2C 包括内外两部分（见图 1-11）：一部分是外部链接的 b2C；另一部分是内部链接的 F2B2b。b2C 的数字化推动 F2B2b 的信息化，没有 b2C，F2B2b 就是变相的信息化。

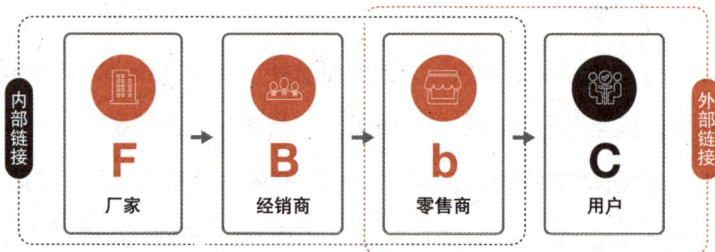

图 1-11　数字化全链路的内部链接和外部链接

只要完成了 b2C 的数字化，渠道就可以从推销模式转变成拉销模式，F2B2b 的信息化就顺理成章了。F2B2b 的实质是内部控制系统。外部数字化链接与内部信息化链接有什么差别？我国快消品行业龙头企业在渠道组织力、控制力方面特别强，这是渠道碎片化的特征决定的。快消品行业龙头企业的深度分销实质上是"把渠道变成内部管理系统的延伸"。其好处是渠道控制力强，问题是可能会发生店大欺客的现象。

深度分销做得好的企业，其内部的信息化系统一般都做得不错。快消品行业龙头企业的销售系统信息化做到了什么程度？差一点的做到 F2B 的信息化，好一点的做到了 F2B2b 的信息化。所以，快消品行业龙头企业的渠道数字化，因为有销售系统内部 F2B2b 的信息化垫底，只要完成连接 C 端，实现 b2C 的数字化，其他都是内部信息化的工作。

正解一：渠道数字化，线上线下融合

因为线上低价冲击线下销售的事件频发，有人问我：渠道数字化后，面对线上低价的冲击时，该怎么办？这是典型地把渠道数字化当成第二电商了，仍然拿电商的逻辑推演渠道数字化的逻辑。渠道数字化后，线上线下融合，一个团队同时运营线上线下，怎么会出现线上低价冲击呢？那不是自己冲击自己吗？

有人说，电商（B2C）也是自己冲击自己。电商团队与传统渠道团队在企业内部是交集很少的两个团队，电商的价格体系不同于传统渠道，如果电商的 SKU 与传统渠道相同，那么两个团队产生内部冲突是正常的。

渠道数字化不是另起炉灶，也不是增加一个新的团队负责数字化建设，而是与传统渠道并行运行。渠道数字化是改造传统渠道团队，渠道数字化后将只有一个团队：渠道数字化团队。线上线下完全融合，包括市场部门，也要完全融入渠道数字化体系。完成渠道数字化后，将没有传统的市场部。市场部将转型为数字化市场部，即数字化的营销中台。

有人认为,线上销售额反映渠道数字化的成败。这是误解。在渠道数字化实操中,有时要把用户导向线上,以使企业与用户产生更紧密的关系(黏性);有时要把线上流量引到线下,为某个终端引流,产生增量,激活终端。所以,不能以线上销售额界定渠道数字化的成败。线上线下融合的核心目的是给用户提供便利,线上场景和线下场景供用户任意选择。线上线下融合,不应从线上或线下的单一维度进行考核,而应以激活全网销售为考核标准。

线上线下怎么融合?这需要借助战略与管理专家施炜老师的"三位一体"(认知、交易、关系一体化)和"三重空间"(线下空间、社群空间、网络空间)两个概念来解释。施炜老师认为,营销甚至商业可以简化为三个过程:认知、交易、关系。用户获取信息,产生认知。比如,通过大众媒体广告、互联网信息、口碑传播、社交平台都能够获得信息,产生认知或改变认知。认知达到一定程度,就会形成交易。在互联网时代,只要产生交易,就能够建立关系,至少可以在技术上建立关系。比如,通过平台连接用户(如通过微信连接用户)。

施炜老师认为,信息时代有三个商业空间:线下(现场)空间、社群空间和网络空间。传统渠道在线下空间,社交电商在社群空间,平台电商在网络空间。传统商业、社交电商、平台电商都只利用了单维空间。

而认知、交易和关系,每个环节都可以发生在三重空间,这就形成了线上线下的融合。比如,认知可以在线下产生(口碑、体验),可以通过社群裂变产生,还可以在网络空间产生(网上"种草")。交易也可以发生在三个商业空间,即零售店现款现货、社区团购预售、电商交易,三个商业空间都有其对应的场景。社交关系建立在三重空间更为普遍。线下更容易形成强关系,社群更便于交流互动,网络上还可以组建群组。F2B2b2C 数字化模式的厉害之处,就在于只要系统上的任何一端与用户(C)建立了关系,三个经营主体都可以共享用户关系(F2C、B2C、b2C)。

渠道数字化后,认知、交易和关系可以随意在线下、社群和网络三重空间中转换,这就形成了非常复杂的组合关系。复杂的组合关系形成了更多的变量，同时也为营销提供了更多的机会。线下更便于形成强关系，社群更便于交互，网络更便于交易。例如，江西李渡酒厂就充分利用了三重空间各自的优势：在线下空间做体验认知，在社群空间做认知传播，在网络空间做交易。线上线下融合，把交易的选择权交给用户。只要还有线上线下的区别，数字化就要持续深化。

正解二：厂、商、店三方一体

传统渠道，厂家、经销商、终端（零售店）、用户四者形成了三段关系，每段都有独立的交易系统。渠道数字化让本来各管一段的厂、商、店三方形成了更紧密的关系，我称之为"三方一体"。

厂、商、店三方一体表现在两方面。

（1）三方共享C端资源。只要厂、商、店的任何一方与C端建立技术上的关系，另外两方在技术上也能够与C端建立关系，这就是三方共享C端资源。比如，b与C建立了连接，那么F与C、B与C也建立了连接。而且网络空间的关系可以向线下空间、社群空间延伸，引申出三重空间的用户关系。

（2）三方共享流量利益。与传统渠道的分段交易不同，渠道数字化的利益分配不是按交易分配，而是按流量分配。线下交易仍然遵循传统渠道的利益分配原则。在线上交易中，F2C、B2C、b2C的利益分配方式各有不同。

在b2C线上交易中，利益分配仍然与传统渠道没有区别。B2C线上交易的利益如何分配？经销商（B）首先要获得利益，同时，按照"双私域"原则，因为流量来自零售店（b），所以也要为零售店分配利益。否则，双私域就是一句空话。没有合理的利益分配原则，三方共享C端资源，就是厂家和经销商抢零售店的用户资源。在F2C线上交易中，比如新品推广，或者集中性的推广活动，不仅厂家（F）要获得利益，经销商和零售店也要获得利益。零售店获得利益是因为流量是从零售店来的，经销商获得利益是因为经销商是零售店的管理者、运营者。

正常情况下,数字化运营模式是 b2C。在什么情况下,数字化运营模式是 F2C 和 B2C 呢?除了新品推广和集中性活动外,主要是 b 端线下货架没有货时。比如,一个厂家的商品有 200 个 SKU,但一家零售小店的商品只有 5 个 SKU,那么,用户通过零售小店的线上货架购买这 5 个 SKU 之外的商品时,数字化运营模式就是 F2C 或 B2C。

要实现三方共享流量利益,先要解决利益分配问题,否则就会产生矛盾。社区团购在早期引流阶段,流量利益分配偏向增加"团长"(b)提成;流量稳定后,大幅度削减"团长"提成,必然引起"团长"反感。F2C 是厂家独享流量利益;F2B2b2C 是三方共享 C 端资源,共享流量利益。哪种模式能够获得渠道支持,不言而喻。

线上线下融合,厂、商、店三方一体,不是空洞的口号和原则,在实际运营过程中,要转化成组织框架和运行规则。第 2 章的数字化"六双"运营体系就是为确保上述两大原则而精心设计的体系。

正解三:两大体系融合

线上线下融合,厂、商、店三方一体,两大体系的融合,说起来容易,做起来很难。传统电商没有做到。B2C 就是与传统渠道对着干的,至少价格体系是如此。F2C 模式就是 B2C 模式的翻版,除了通过线下引流 C 端,很难与线下全面融合。目前,没有一个数字化体系能够与传统渠道融合。DTC 模式是与传统渠道冲突的。我意识到厂家(品牌商)不能按照 B2C 和 F2C 模式走渠道数字化之路,因为在体系设计中就没有传统渠道的位置和可获得的利益。

在数字化实践中,我发现了一种鱼与熊掌能够兼得的数字化体系,即数字化"六双"运营体系,"六双"指:双路径、双私域、双场景、双货架、双交付、双中台(详见 2.1 节)。

1.4 bC 一体化：零售店与用户一体化运营

　　"bC 一体化"简单来说就是零售店与用户一体化运营。2019 年 5 月，我首次提出"bC 一体化"概念，是为了给传统渠道企业的数字化变革找到一个抓手。而如今，私域流量的路径，也转向"bC 一体化"。

　　"bC 一体化"是渠道数字化的关键，不能正确理解、设计和应用"bC 一体化"，是很难做好渠道数字化的。"bC 一体化"之 b，即零售店（终端）。在渠道数字化中，真正与 C 发生更多关联的是 b，不是 B（经销商、分销商）。在渠道大环境中，特别是在行业龙头企业的强势渠道体系之下，B 是 F（厂家、品牌商）区域管理的延伸。

　　渠道数字化体系之下，"bC 一体化"在操作层面上有四层含义：

　　（1）bC 技术绑定；

　　（2）单店社区是渠道数字化的最小运营单元；

　　（3）bC 互为杠杆的支点，先用 b 激活 C，再用 C 激活 b；

　　（4）"bC 一体化"改变渠道逻辑。

没有 bC 技术绑定，无法实现 F2B2b2C

　　没有"bC 一体化"，只有 B2C（电商）或 F2C 数字化，无法实现 F2B2b2C 的全链路数字化。F2B2b2C 需要 b 和 C 在技术上绑定，建立关联。

　　bC 技术绑定是什么意思？就是品牌商（F）需要知道每个用户（C）来自哪个私域流量入口（b），或者说能够知道每个私域流量入口（b）有多少活跃的用户（C）。只有 b 与 C 建立技术关联，互联网系统才能判断 b 与 C 的关系，才有可能实现长链路的数字化运营。

在电商普及的过程中，部分企业形成了一种固有认知，认为数字化是去中间化的，曾经的 B2C 就是去中间化的。当企业想建立自己的数字化系统时，也意味着去中间化（包括去终端化），B2C 变成了 F2C。F2C 这种短链级模式不是不能做，但一定做不大。行业龙头企业的用户动辄超亿级，若采用 F2C 模式，怎样才能寻找到亿级的用户呢？F2C 模式下，获得百万级用户不难，千万级用户也有可能，但获得亿级用户基本没有可能。只要建立了 b 与 C 的技术关联，渠道数字化模式，无论是 F2B2b2C 还是 F2b2C 都是可行的。这也决定了可以动用传统深度分销的团队，成建制、有组织地通过 b 连接亿级用户。

bC 技术绑定在操作层面有另外两个作用：一个是激活 C 端；另一个是解决短链路运营下的利益分配问题。通过 F2B2b2C 长链路连接了亿级用户，就可以进行短链路运营，即 F2C、B2C、b2C 运营。但短链路运营有一个前提，即 C 端必须被激活。短链路运营本身无法激活 C 端，因为线上激活是被动的，C 不找 F，F 找不到 C。但是，b 激活 C 的手段非常多，在线下、社群、网络三重空间都有办法。特别是 b 与 C 处于相同的商圈时，线下、社群空间的手段会非常有效。这就说明，数字化过程中，b 在连接、激活、运营三个重要环节中的作用都很大。

既然 b 的作用在这三个环节中都很重要，那么怎么对 b 给予回报呢？这就涉及数字化的利益分配问题。在传统线上交易中，每个环节都有毛利空间，通过渠道毛利获利。但是，数字化运营是短链路（F2C、B2C、b2C）运营，只有一个环节（如 F2C）有毛利空间，此时怎么分配利益？

我在数字化运营体系设计中提出"双私域"的概念，它就是用于应对短链路运营的利益分配问题的。私域就是流量入口，只要带来了流量就一定要获得利益，否则就会把流量引导给竞品。bC 技术绑定解决了短链路运营的利益分配问题。C 既是 F 的私域，也是 b 的私域，它们都应该获得利益。同时，协助 bC 技术绑定的 B 也应该获取相应的利益。

企业通过 b 连接 C 时，用什么工具在技术上实现 bC 技术绑定呢？

目前有两个比较好的方法：bC 双码；bC 小程序。

二维码 1.0、二维码 2.0 都只能使用单码，即对一个对象（包括 B、C）扫码；二维码 3.0、二维码 4.0 则可以使用双码。

二维码 4.0 可以有一个 b 码，用于从技术上绑定 b；还有一个 C 码，用于绑定 C。而且 b 码、C 码之间还能够从技术上建立关联。通过 bC 技术绑定，不仅可以知道零售店卖了多少货，还可以知道货卖给谁了，这是传统营销不能做到的；同时，不仅可以知道哪个用户买了产品，而且可以知道用户是在哪个零售店购买的，这也是传统营销无法做到的。

bC 小程序的应用现在已经比较常见。比如，社区团购就应用了 bC 小程序。社区团购的"团长"可以视为 b，社区团购平台每天要统计"团长"的用户数和产品销量。所以，与其说"团长"是按销量提成的，不如说是按流量提成的。

早期的小程序采用直销模式；后来允许商户在网上开店；现在商户可以不开店，只提供流量就可以分配利益。渠道数字化的 bC 小程序就是如此。bC 小程序提供了界定 b 与 C 关系的技术手段。零售店店主、导购、店员都可以作为连接 C 端的媒介，并且可以作为以后分配利益的媒介。

单店社区是渠道数字化的最小运营单元

渠道数字化要有一个抓手，从抓手处使力。这个抓手就是最小运营单元，电商的最小运营单元就是单个用户。所以，电商运营强调"千人千面"。受电商影响，其他方面的数字化也以单个用户（C）为最小运营单元，这是错误的观点。

在本书第 3 章中，我提出渠道数字化的最小运营单元是"单店社区"，并认为它是渠道数字化的抓手。"单店社区"是我创造的一个组合词，"单店"就是 b，"社区"就是 b 商圈的 C（用户），两者的组合就是"bC 一体化"。为什么把单店社区作为渠道数字化的抓手？因为在连接用户、激活用户、运营用户方面，不再依靠电商的"千人千面"，也不依靠 B2B 的"千店万策"，而是依靠"bC 一体化"。

从连接用户看，单店社区不是一个一个地连接 C 端，而是在短期内成片地连接 C。只有一次性形成足够大的用户规模，用户密度才能形成。渠道数字化是线上线下融合，不是电商的第二种形态（F2C）。凡是涉及线下的工具，没有足够大的用户密度是难以落地执行的。

从用户激活看，同样是成片激活 C 端，搞定 100 个、1 000 个用户比搞定 1 个用户更容易。因为 100 个、1 000 个用户形成密度后会相互影响。单个用户没有密度，本来已经激活的用户可能又"沉底"了，运营用户也是如此。因为渠道数字化是线上线下融合，存在着交付问题，所以集中交付的成本远低于单个交付。从以上情况看，把"bC 一体化"的单店社区作为渠道数字化的最小运营单元，作为渠道数字化的抓手是必要的。

bC 互为增量杠杆支点

渠道数字化中有两个相反的过程：先借助 b 端强大的线下社群强关系搞定 C 端，再借助 C 端搞定 b 端，两者互为支点。这难道是品牌商翻手为云，覆手为雨吗？这里面有一个杠杆：品牌商自有流量。没有自有流量，品牌商就是有支点，无杠杆。

品牌商自有流量从哪里来？这个问题要根据各个企业的资源情况才能做出回答。当企业能够在一定范围内调动自有流量时，就形成了增量机制。在 b 端客源流失的大环境下，增量机制就成为非常重要的筹码。这个筹码对 b 端是有诱惑力的，有诱惑力就会引起一些零售店的兴趣。只要有零售店形成了增量，就会有更多的零售店模仿。一旦企业通过 b 端激活了 C 端，那么，又会形成另一个增量机制：双场景、双货架所形成的增量机制。

b 端原来只有单一场景（线下场景），只要连接了 C 端，就有了双场景（线下场景＋线上场景）、双货架（线下货架＋线上货架），线上场景和线上货架给 C 端提供了更多的选择。原来一个小店或某个品牌可能只有 3～5 个 SKU，现在可能有几十、上百个 SKU，从而形成增量。前面讲过，bC 技术绑定的好处是，哪怕零售店没货，只要流量从零售店导入，零售店仍然能获得利益。这就形成了对零售店的增量机制，当增量机制发挥作用时，零售店就更愿意贡献存量，这时 b 端就被激活了。

"bC 一体化"颠覆传统渠道逻辑

传统的深度分销方法是：通过分销推动动销。早期的分销主要靠客情，因为早期的销量增长空间大，所以"拿脸面换销量"也能行得通。当大家都去做客情，并且销量增长越来越少时，客情虽然不能说无用，但这时更有用的是资源。压货之所以行得通，就是因为投入了足够多的资源，陈列、堆头、导购等就是动销的武器。

深度分销的现状是：做好了深度分销，情况不一定好转；做不好深度分销，情况更不好。深度分销打通了渠道，抵达了 b 与 C 的边界。导购就处在 b 与 C 的边界。过去由于工具的缺乏，导购与用户的关系是一次性的。即使后来有了社群，导购的流动性也让品牌商与用户的交互缺乏固定平台。

渠道数字化模式是双私域，既有零售店与用户的强关系，也有品牌商与用户的平台关系。双重关系，多重强化，不知不觉间，渠道逻辑发生了变化。营销一直有"品牌驱动"与"渠道驱动"之说，但两者的逻辑完全不同。品牌驱动是通过大众传媒触达用户，形成渠道拉力。品牌驱动的原理是：只要有人买，一定有人卖。渠道驱动是通过深度分销把产品摆上货架，做好展示，加上导购的现场推销，形成动销。渠道驱动的原理是：只要有人卖，就可能有人买。

做生意就是做"买卖"。做生意就是解决买与卖两方面的问题：一个是渠道拉力，另一个是渠道推力。渠道拉力的形成解决了 C 端的问题，渠道数字化连接 C 端、激活 C 端，同样是解决 C 端问题，也会形成渠道拉力。于是，建立在深度分销基础之上的渠道数字化既形成了渠道推力（深度分销的贡献），又形成了渠道拉力（数字化的贡献），实现了推拉平衡。

第 2 章

数字化"六双"方法论

渠道数字化转型不是简单的人的转型，而是从老系统到新系统，并与新环境重新匹配的过程。一个运营系统是一组相互关联的生态，包括组织机构、职能和流程的转型。

下面我们先来回顾一下 1980 年以来四次大的营销转型（见图 2-1）。

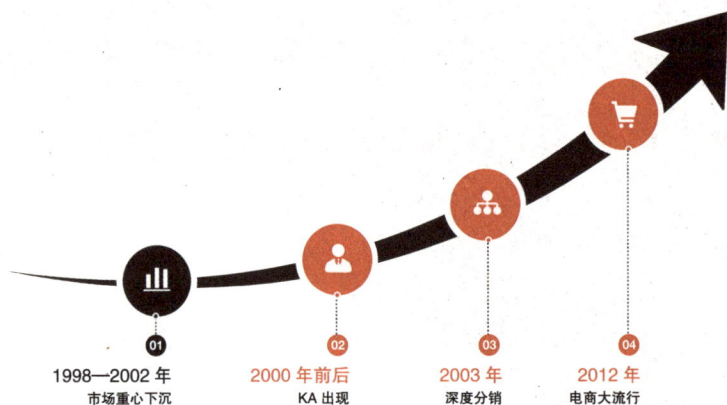

01	02	03	04
1998—2002 年	2000 年前后	2003 年	2012 年
市场重心下沉	KA 出现	深度分销	电商大流行

图 2-1　1980 年以来的四次营销转型

1998—2002 年市场重心下沉。经销商从"省一级批发商"下沉到"市一级批发商""县一级批发商"。从组织架构上看，市场呈现扁平化状态，渠道每下沉一级，销售部门内部就增加一级组织。在此过程中，原来的推销员消失了，取而代之的是业务员；原来的批发商消失了，取而代之的是经销商。

2000 年前后 KA 出现。从此，销售渠道在原来的流通渠道基础上增加了一个终端渠道。因为终端渠道的价格体系不同，两个渠道系统有了价格冲突。因此，除了终端渠道增加了导购员岗位之外，很多企业还增加了终端专属产品，与流通渠道的 SKU 区隔。

2003 年深度分销出现，不仅使经销商从"坐商"变成"行商"，厂家或经销商也增加了车销、理货员等岗位。

2012 年电商大流行，多数传统企业做出了以下转变。一是设立独立的电商部门，封闭运行。后来随着直播形式的流行，有些企业又设立了直播部门。二是开发电商专属产品。因为电商的价格体系与流通渠道和终端渠道的价格体系冲突，电商价格影响传统渠道价格。

新机构、新岗位、新职能、新流程，都是营销转型必然会涉及的。这些是表面看得见的转变，不过背后还有外界看不见，但深刻影响这些转变的，关于原则、逻辑的改变。

2.1 数字化"六双"运营体系

数字化落地实操模型

基于数字化长链路 F2B2b2C 的特点，2021 年，数字化"六双"运营体系被提出，"六双"分别为：双路径、双私域、双场景、双货架、双交付、双中台。数字化"六双"运营体系见图 2-2。

图 2-2 数字化"六双"运营体系

这六个运营模型，是认识渠道数字化运营的方法，是理解渠道数字化的思维方式，也是渠道数字化发展遵循的规律。

数字化"六双"运营体系的核心是"双"字。"双"不是"既做……又做……"，而是两者融为一体。这就如同物理变化和化学变化的区别：两种物质混合，是物理变化，哪怕混合得非常均匀，还是两种不同的物质；化学变化则是两种物质反应，生成了新的物质。比如，线上线下一体化，不是既做线上，又做线下，而是线上线下两者融为一体。

（1）双路径。长链路（F2B2b2C）触达 + 短链路（F2C、B2C、b2C）运营。长链路触达解决连接海量 C 端的问题，短链路运营解决运营效率问题，两全其美。这是厂、商、店三方一体、共享用户资源的体现。否则，零售商的用户凭什么让厂家和经销商运营。

有人会问，是不是零售商实现用户触达了，触点就没有价值了？当然不是，用户需要通过触点被持续激活，所以长链路触达需要持续。另外，线上线下一体化需要持续的线上线下引流，所以，长链路触达和短链路运营交替进行，持续相互强化。

（2）双私域。品牌商私域 + 零售商私域，双私域具有双重用户黏性。零售商私域解决用户触达、连接和激活问题。零售商离用户近，可在线下、社群和网络三重空间与用户建立关系，发挥零售商的优势。品牌商私域通过品牌商的多 SKU、线上运营的专业性，增强用户黏性。双私域使用户黏性更强，在共享用户资源的情况下，使厂、商、店三方受益。双私域是线上线下融合与厂、商、店三方一体的具体体现。双私域不是单向地把零售商私域变成品牌商私域，这是不公平的，也会把品牌商私域变成零售商私域。

（3）双场景。线下场景 + 线上场景。从用户角度讲，双场景给用户提供了交易便利，线上线下交易，用户随便选；从零售商角度讲，双场景解决了"小店大运营"的问题，这是线上线下融合的体现。双场景意味着电商的单场景变得传统了，也意味着零售商将抢占电商的线上份额，线上线下的份额是由销售场景决定的。

（4）双货架。 线下货架 + 线上货架。这是双场景衍生的需求。有了双货架，即使再小的零售店也能让厂家的适销 SKU 全部上架，线下零售店也可以有无限货架。线下零售店解决高频产品的销售问题，线上货架解决低频产品的销售问题。

（5）双交付。 线下交付 + 线上交付，即 2B 交付 +2C 交付、到家交付 + 到店交付。这是双货架衍生的需求。双交付有线上交易与线下交付的双重便利，也是线上线下融合的体现。

（6）双中台。 后方中台 + 前方中台。中台前移解决线上线下融合及经销商和零售店参与线上运营的问题。这是"bC 一体化"，线上线下融合，厂、商、店三方一体三大原则的共同体现。

数字化"六双"运营体系的设计原则

在介绍数字化 F2B2b2C 时，确立了三大原则："bC 一体化"，线上线下融合，厂、商、店三方一体（见图 2-3）。在设计数字化"六双"运营体系时，要确保三大原则得以落实。

图 2-3　数字化"六双"运营体系设计的三大原则

1. 原则一："bC 一体化"

正如深度分销的工作重点在终端一样，"bC 一体化"的工作重点在 b

端、C 端。这不仅不同于传统营销主抓 b 端，也不同于电商和私域流量运营只抓 C 端。单店社区作为渠道数字化的最小运营单元，同步抓 b 端和 C 端，组织力量、岗位设置、工作流程向 b、C 两端倾斜。

2. 原则二：线上线下融合

线上、线下不是两套组织、两套体系，一套适用线上，另一套适用线下。如电商与传统营销就是不兼营的两套体系。线上线下融合，就是二者不分彼此，组成一个体系，用户在线上或线下下单同样重要，线上线下的销售额同等重要。这既可以把线上流量引导到线下，也可以把线下流量引导到线上。

3. 原则三：厂、商、店三方一体

不同于电商和私域流量运营的去中间化、去终端化，"bC 一体化"要让经销商站在数字化的一线，重估终端价值。在"bC 一体化"过程中，b 端的贡献巨大。怎么回馈 b 端的巨大贡献？那就是三方一体，意味着厂家、经销商、零售店共享用户资源，但也确立了一个原则：以流量入口为渠道利益分配的基准。"bC 一体化"中，流量入口多数在 b 端，无论交易方是厂家，还是经销商，都要向 b 端分配利益。

建设数字化"六双"运营体系的保障

建设数字化"六双"运营体系，要在技术、组织和工作流程方面提供保障。

1. 支撑"六双"的技术体系

从技术体系讲，要解决下列几个技术问题。其一，F2B2b2C 的技术路径，目前，实现类似的技术路径已经不是问题。其二，"bC 一体化"的技术问题，bC 双码和 bC 小程序应用已经很普遍。其三，零售端的"双货架"，主要是线上货架。其四，F2C、B2C、b2C 交易与交付平台的技术对接。

2. "六双"的组织保障

传统企业已经有了三套营销系统。一是传统渠道系统，二是电商系统，三是私域流量系统。难道还要再建一个独立的渠道数字化系统吗？当然不是。未来的企业营销组织只有两套系统：一是电商系统，二是数字化系统。其他系统都要融入这两套系统之中。电商（B2C）应该有一套独立的运营体系，因为平台比较强势。B2C 的运营被平台主导，企业内部运营体系一定要与平台匹配。B2C 运营体系已经相当成熟，不在本书的讨论之列。

私域流量（F2C）在发展初期可能有一套独立的运营体系，那是与电商（B2C）相似的运营体系。但只要 F2B2b2C 模式形成了规模，F2C 会融入F2B2b2C，原因有三：其一，两者规模不对等，F2C 的规模通常会远远小于F2B2b2C；其二，F2B2b2C 中本来就包括 F2C 的运营模块；其三，F2C 融入 F2B2b2C 体系后还有撬动 b2C 的杠杆作用，因为 F2C 的流量是由厂家完全支配的独立流量，是"bC 一体化"中"增量换存量"形成杠杆的支点。

传统营销的组织体系在"bC 一体化"运营过程中会逐步消失。那么，到底是以传统渠道系统为基础融入新动作，还是以新组织为基础消化传统渠道的人员呢？渠道数字化的关键是"bC 一体化"，"bC 一体化"以 b 端为基础，深度分销恰恰深入了 b 端。"bC 一体化"只需要在深度分销动作的基础上，顺带增加几个动作就完成了，真正运营起来比想象的简单得多。"bC 一体化"与深度分销的最大差别是 b 端和 C 端人员分布占比的差别。当然，不能完全排除部分企业为了完成渠道数字化转型，而另起炉灶。

相比于传统线下营销，"bC 一体化"只是在深度分销基础上增加了几个动作，渠道数字化会带来两大转变。

（1）组织和职能的转变，如市场部转型为营销中台。传统企业曾经争论过是否应有中台的问题，这是在电商系统框架内的问题。在电商系统中，厂家其实只是借助平台触达 C 端，并没有获得多少用户实时数据，中台的价值确实不大。私域流量和渠道数字化都是直接触达 C 端，获取用户实时数据，因此一定要有中台。

市场部的职能本来就是2C（区别于销售部的2B），前台连接、激活用户，中台运营用户，这都是2C的工作。市场部转型中台，角色职能转变很大。市场部是职能部门，扮演参谋的角色；中台不是职能部门，而是扮演运营者的角色。

（2）经销商的转变。传统渠道的经销商在深度分销体系下其实是扮演分销商的角色，渠道数字化后其主要职能是日常B2C运营和分销，而且承担B2C运营的职能可能更多。因为渠道有了拉力，所需分销的推力相应减轻。部分经销商可能无法完成转型，每一轮渠道转型都会有一批新的渠道商崛起，有一批传统渠道商消失。渠道数字化转型的数字壁垒对经销商的挑战可能超过历史上任何一次渠道转型。

3. 工作流程模式化

前台连接、激活用户，中台运营用户，后台做用户履约。这是前台、中台和后台的分工。中台的用户运营采用了一种成熟的MarTech（市场营销技术），此处不展开论述。对于前台连接、激活用户，一线人员已经习惯了深度分销，现在要转向"bC一体化"运营。深度分销早期的"深度分销八步法"是初级的模式化操作。根据"bC一体化"的实践，本书初步总结出"数字化操作五步法"，在第3章有详细论述。

2.2 双路径：长链路触达 + 短链路运营

双路径是指长链路触达和短链路运营。长链路触达指触达、连接用户的路径是F2B2b2C，这与传统企业深度分销的路径（F2B2b）有很多重叠部分。短链路运营指运营用户的路径是F2C、B2C、b2C，厂家、经销商、零售店三者都可以是运营主体。二者的区别见图2-4。

图 2-4 双路径中触达路径与运营路径的区别

获取亿级用户的关键

截至 2022 年,除了平台的用户超过 1 亿以外,几乎没有其他经营主体的用户超过 1 亿。头部主播主要依靠平台提供流量支持,他们的粉丝规模仍然只有数千万。截至 2020 年 10 月,前两名的头部主播粉丝数分别为 8 000 多万和 5 000 多万。他们的年营业额近千亿元,其业态相当于零售,全品类经营,客户基本上是头部品牌。

快消品行业龙头企业的单一品牌要实现 90% 左右线下用户的数字化,必须有亿级用户"打底"。这是一项艰难的工作,目前没有任何私域流量的运营方法能够获取亿级用户。所以,我一直强调在数字化过程中量级是非常重要的概念。一种私域流量的运营方法是否有用,取决于其能获取到什么量级的用户。

站在厂家角度来看,获取亿级用户的关键是什么?一是触点数量要多,二是用户裂变速度要快。快消品企业在传统渠道的产品以大众产品为主,大众产品不具备小众、分众产品的用户裂变特质。因此,亿级用户至少需要千万触点。那么,千万触点从何而来?传统快消品行业龙头企业最强的营销资源之一就是通过深度分销掌握了百万终端。以百万终端为基础形成千万触点,连接亿级用户,这是一条可行之路,目前我还没有发现第二条能够让厂家连接如此规模用户的路。这是双路径提出的背景。

双路径中,还有两条隐性路径,一是用户激活路径,二是利益分配路径,后文会详细论述。只有长链路触达，才能扩大用户规模，只有短链路运营，才能提高运营效率，两者相辅相成。强调一句，长链路触达不是触达后即丢，而是长链路与短链路反复交替使用，相互强化。

长链路触达，成倍扩大用户规模

亿级用户的量级决定了只能采取长链路（F2B2b2C）的用户触达方式（见图 2-5），长链路触达是目标倒推的必然选择。要获取亿级规模的用户，必须有千万级规模的触点。对于大众产品来说，不要对"用户裂变"抱有太多的幻想。用户裂变在某些情况下对于小众、分众产品是有可能的，但多数情况下是"不可能"的。不要把少数裂变的奇迹当成可以复制的常态。或者说，对于用户裂变，有希望，没保障。

千万触点，亿级用户，这是经营的常态，不难实现。要想有千万触点就必须借助百万终端。在企业的组织体系中，能达到百万量级的只有终端。这就是在渠道数字化过程中强调的关键问题：只有成建制、有组织地动员百万终端，才能获取亿级规模的用户，不能只指望用户裂变。

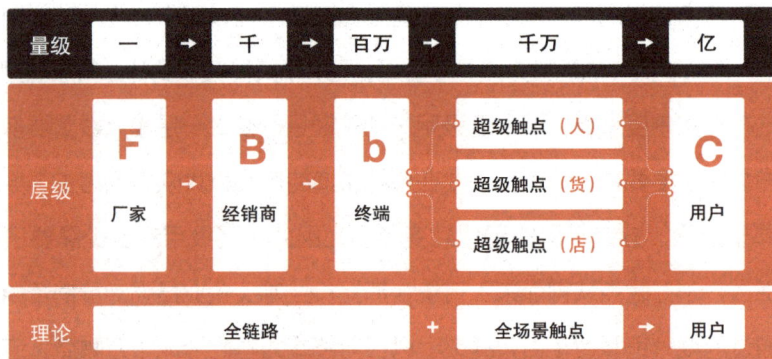

量级	一 → 千 → 百万 → 千万 → 亿

层级	F 厂家 → B 经销商 → b 终端 → 超级触点（人）／超级触点（货）／超级触点（店） → C 用户

理论	全链路 ＋ 全场景触点 → 用户

图 2-5　全链路、全场景触达用户的流程

在渠道系统中，零售终端（零售店）约有 600 多万家，餐饮终端（餐饮店）数量分歧比较大，保守估计是 400 多万家，但也有的推测有 900 多万家。快消

品行业龙头企业覆盖百万终端甚至数百万终端是没有问题的。快消品行业龙头企业之所以成为龙头，是因为它们有极强的渠道组织、管理、控制和动员能力。

谁在掌控百万终端？如果是传统分销模式，如可口可乐的模式，那么是厂家在掌控；如果是深度分销模式，那么由厂、商共同掌控。有的品牌商掌控的力度大一点，有的分销商掌控的力度大一点，视情况有所差别。所以，在渠道数字化的过程中，经销商（分销商）的角色不可或缺。

长链路触达用户的核心是利用好"bC一体化"模式，特别强调零售店（b）角色的作用。那么，经销商（B）角色有何作用？快消品行业龙头企业有成千上万家经销商，正是这成千上万家经销商（B）连接了零售店（b），经销商在厂家与零售店之间起着扩大用户规模的作用。

目前，渠道的特征是高度碎片化和高度本地化，这是因为渠道链往往就是"人链"。零售店与社区用户建立了关系，经销商与本地零售店建立了关系，厂家与经销商建立了关系。在每一级关系中，关系数量是有限的，这是线下渠道的特点。所以，F2B2b2C是一个用户规模多级扩大，每级用户规模扩大后关系都不稀释的模式，可以获取亿级用户。并且因为用户规模大，所以链路比较长。

短链路运营，流量入口决定利益分配原则

只要完成了用户触达，不管以什么模式触达，最终都是短链路运营，这是渠道数字化的好处。受去中间化思维的影响，大家一般认为短链路运营就是F2C。其实，短链路运营可以有三大模式：F2C、B2C、b2C。厂家、经销商、零售店都可以是短链路运营的主体。

只有F2C一种运营模式行不行？在技术上没问题，但在现实中难执行。一是因为F2C和B2C只有线上的单一场景，只有b2C可以是双场景、双货架；二是因为F2C只是把经销商、终端作为私域流量引流的工具，最终可能会与整个渠道为敌，也难以达成获取亿级用户的目标。F2C、B2C、b2C三

个模式同时存在体现了厂、商、店三方一体的思维。

F2C 运营路径一般适用下列情形：

（1）新品推广；

（2）节假日活动；

（3）集中性的大型推广活动。

所以，F2C 运营路径不是数字化运营的常态，F2C 运营的核心要点是厂家运营，三方分利。

数字化运营不是遵循"谁交易，谁受益"的利益分配原则，而是遵循"流量入口在哪儿，利益在哪儿"的利益分配原则。F2C 的运营规则是：虽然厂家（F）是交易方，但零售店（b）是流量入口，经销商（B）是流量入口的管理方，三者都应该获得相应的利益。

B2C 运营路径适用下列情形：

（1）常态化线上运营；

（2）区域性产品推广；

（3）区域性活动。

在数字化"六双"运营体系中，双中台就是用于解决分区域运营的问题的。在 B2C 运营中，经销商是数字化运营的主体。B2C 运营的核心要点是商家运营，两家分利。B2C 运营意味着已经有了 F2B 的交易，交易过程已经有过分利。因此，在 B2C 运营中，只有 B 和 b 两端分利。

b2C 的运营主体是零售店，大店和小店差别很大，b2C 的运营路径适用下列情形：

（1）大店可能有自己的平台，需要在自己的平台上运营用户；

（2）小店的运营一般不会采取单店运营的方式，可能采取区域零售店集中运营的方式，类似于社区团购的 B2b2C 模式。

需要说明的是，b2C 运营一般会有 B 参与，因此，经销商线上运营的日常工作也包括 b2C 运营。虽然是短链路运营，但无论采用哪种运营路径，都少不了向经销商（B）和零售店（b）分配利益。只有这样，才能做到线上线下融合，厂、商、店三方一体。

百万终端，千万触点，亿级用户

深度分销的路径 F2B2b 与长链路触达的路径 F2B2b2C 的前面一段是重叠的，不重叠的就是 b2C。即使完成了 F2B2b 数字化，实际上只是完成了信息化。全链路数字化的关键是 b2C，没有触达 C 端，没有获取用户实时数据，都无法完成真正的数字化。百万终端与亿级用户之间仍然差千万触点。

千万触点在哪里？我们要从 b 与 C 的层面去寻找。新零售提出的"人、货、场"都是触点。因此，我把人、货、店称为三个"超级触点"。之所以用"超级"二字，是因为触点的数量能够达到亿级，有效触点的数量可以达到千万级。触达用户的数量由三个因素决定：一是触点数量，二是每个触点触达的用户数量，三是用户裂变次数。用户的基本规模由触点数量决定，每个触点触达用户的数量由触达工具和触点社交范围决定，用户裂变次数由品类特征、运营能力决定。

超级触点是人、货、店（见图 2-6）。一是以人为触点，比如导购、店长、体验官、KOC，其技术工具是 bC 小程序；二是以货为触点，比如产品，其技术工具是一物一码 4.0——bC 双码；三是以店为触点，比如零售店、货架、冷柜、POP（卖点广告）等，其技术工具是 bC 小程序。

01 以人为触点
导购、店长、体验官、KOC

02 以货为触点
一物一码 4.0

三大超级触点

人
货　店

03 以店为触点
零售店、货架、冷柜、pop（卖点广告）

图 2-6　三大超级触点

1. 一物一码 4.0

一物一码（二维码）在商业应用中经历了四个发展阶段（见图 2-7）。

图 2-7　一物一码（二维码）在商业应用中的四个发展阶段

一物一码 1.0：溯源，如防窜货、防假冒，其商业模式是 C2F。

一物一码 2.0：C 端普惠制红包，B 端开箱奖（如东鹏特饮用于鼓励零售店的开箱上货红包），其模式是 F2B、F2C。

一物一码 3.0：引流，可以把用户引导到特定的零售店，其模式是 C2b。

一物一码 4.0：bC 双码，b 端扫码和 C 端扫码，形成 bC 技术绑定，其模式是 F2b2C 或 F2B2b2C。

目前一物一码的应用比较普及，商业模式基本上是 F2C，其缺点是扫码率不高，一次扫码难以激活用户。激活用户效果比较好的 bC 双码扫码模式主要通过 b 端动员，C 端开展活动。这种扫码模式因为有组织、有动员，扫码率会大大提高，特别适合 KA 店开展推广活动。

2. bC 小程序

bC 小程序是另一种形成 bC 技术绑定的用户连接方式，可用于以人为触点的 bC 连接，比如 KA 店的导购，小店的老板、店员等触点。bC 小程序也可以用于以店为触点的 bC 连接，比如零售店、货架、冷柜等触点。以人为触点的 bC 连接最大的好处就是通过线下、社群空间可以反复激活用户。在连接用户的早期，连接用户与激活用户是同样重要的事情，没有被激活的用户就会"沉底"，成为未激活用户。高频激活用户的方法详见 3.3 节。

线上（网络）激活是被动的，线下（现场）和社群激活是主动的。大店 bC 小程序的用户激活主要靠导购，导购是品牌商和经销商能够控制的。小店 bC 小程序的用户激活主要靠店主和店员，特别是小店店主，只要店主想激活用户，总会有办法的。

2.3 双私域：品牌商私域 + 零售商私域

公域与私域如何互补

百度百科对公域流量词条的解释是：指商家直接入驻平台实现流量转换，比如拼多多、京东、淘宝、饿了么、喜马拉雅、知乎、得到等公域流量平台。上述词条解释是站在平台角度的观点。有三个关键点值得商榷。

一是什么是平台。电商平台是平台，传统零售商也是平台，也可以数字化。实际上，如果把所有商流、关注量都视为流量，则传统零售商、社交媒介都是平台，未来实现数字化后更是平台。

二是划分公域与私域是因为视角不同。平台把流量视为私域标价出售，但商户则视其为公域。也就是说，平台的私域就是商户的公域。比如，某知名主播可以被视为一个平台，他的 6 000 多万粉丝（他的私域）就是其他应用方的公域。

三是没有被标价出售的流量才是公域流量。相信很多人听说过公地悲剧。1968 年，美国生态学家加里·哈定（Garrit Hadin）在《科学》杂志上发表了一篇著名的论文《公地悲剧》，讲述一个无主的牧场，每个人都追求自己的利益最大化，从而多养一头牛，再多养一头牛……最终整体会走向毁灭。公地自由带来了整体的毁灭。

在互联网上偶尔会有免费的公域，比如平台流量扶持。但多数流量都是标价出售的，而且平台流量越大，标价越高，甚至比线下流量的标价更高。因此，我更倾向于定义免费的平台流量为公域流量，标价的平台流量为商域流量。如此理解，则公域流量几近消失。

百度百科对私域流量词条的解释是：指从公域（Internet）、他域（平台、媒体渠道、合作伙伴等）引流到自己的私域（官网、客户名单），以及私域本身产生的流量（访客）。这个解释说明了私域流量的两大来源：一是引流，从公域、他域引流；二是自身流量。

"新经销"专栏创始人赵波有一句话直指私域概念的缺陷：私域不是联系，而是关系。赵波认为，私域运营本质上是关系的变现。通过与用户建立品牌关系与人际关系的深度连接，最终实现用户对品牌的认同和忠诚。

赵波提出了两种私域。

（1）品牌商私域——品牌认同＋深度连接。

（2）个人私域——人际关系＋深度连接。

赵波关于私域的看法，我非常认同。这里有两个关键问题。一是要建立连接。但是，不是建立连接就是私域，这也是大量引流、裂变的私域流量并没有很大商业价值的原因。什么是深度连接？其关键是激活，用户有黏性，比如用户互动多；而不是在技术上有连接，实际上用户却"沉底"了。二是要有认同和关系。品牌商私域源自认同，个人私域源自关系。

让用户成为你忠诚的私域

用户是谁的私域？因为私域的定义相对狭义，我才提出这个问题。用户是平台的私域。大平台之所以成为大平台，就是因为其获得了更多用户的认同，而且通过用户标签、算法 AI（人工智能）让用户获得更大的利益，因此即使用户被平台作为流量出售，用户也没有那么反感。

前面讲过，站在平台角度来看，用户是私域；站在平台的商户角度来看，用户是公域（商域）。所以，公域和私域存在差别是因为视角不同，用户是品牌商的私域。以前就有品牌认同、品牌忠诚度等说法，现在也有用户黏性的说法，差别在于数字化建立了深度连接。过去讲品牌忠诚度，无数据实证，现在强调用户黏性是有数据支持的。

用户是零售商的私域。在零售商与用户的关系中，KA 店基于商圈、地段与用户建立关系，在本商圈、地段有交易便利的优势；小店主要靠人际关系，即用户的生活半径与商业半径重叠，使熟人变熟客。小店过去有线下关系，例如与用户经常见面、互动等，后来增加了社群互动，数字化后又增加了数字化互动。在三重空间，零售商都能够与用户互动。

用户是每个人的私域。每个人都有强人际关系圈，都被他人影响，也影响他人。过去的影响方式是口碑传播，现在的影响方式众多，如社群、微博等。这是用户裂变方式有一定市场的原因。但真正有商业价值的是 KOL 和 KOC 的私域。KOL 的私域已经与平台私域类似，流量标价出售。只有 KOC 的私域既有隐蔽性，又有商业价值。但 KOC 的分散度高，商业化利用难度大。

我认为，只要符合深度连接、建立认同与关系这两大条件，用户就可以成为私域。所以，私域很多，但是只有形成规模才能成为数字化的主战场。平台的私域是有规模的，零售商也很容易形成规模。当然，零售商与用户之间有关系，只是缺乏深度连接。

因为个人私域没有规模，所以不管是微商还是社交电商，往往只是红火一阵子。因为缺乏组织体系，缺乏规模，商家就特别重视用户裂变。而且人们在每个阶段都能够找到短期内用户快速裂变的案例，从而给人以很大希望。其实，这种希望是虚幻的。那究竟要怎样开发私域？

品牌商，特别是行业龙头企业，获得大量用户的认同是开发私域的基础。现在要做的是通过数字化把隐蔽的认同变成深度连接，形成用户黏性，实现有针对性的商业化。

双私域的流量来源

1. 品牌商私域

私域有两大条件：一是深度连接，二是建立认同与关系。

如果是知名品牌（如快消品行业龙头企业），只需要解决一个问题——深度连接；如果是普通品牌或新品牌，则需要同时解决两个问题。以下只讲如何解决深度连接问题。品牌商怎么与用户建立连接呢？

品牌商与用户建立连接主要有四种方式（见图2-8）。

| 用户找上门 | 从平台引流 | 通过典型个人私域引流 | 通过零售商引流 |

图2-8 品牌商与用户建立连接的四种方式

（1）用户找上门，比如用户关注公众号、使用小程序。快消品大品牌几乎都在做公众号、小程序，但用户规模不够。

（2）从平台引流。这种引流不是私域让渡，而是品牌商在没有付流量费的情况下，把平台流量引到自己的平台。这种做法小规模做可以，大规模做行不通。

（3）通过典型个人私域引流，比如通过 KOL、KOC 引流。这种方式仍然要付费，虽然引流效率比通过普通个人私域引流高，但用户规模仍然不够。

上述引流方式都可行，但用户规模远远不够，不能成为主流方式。

（4）通过零售商引流。社区团购曾通过零售商引流，能够在短期内迅速形成一定的用户规模。数字化"六双"运营体系中的双路径就是视零售商引流为触达用户、获取亿级用户的主要引流方式。

2. 私域让渡

私域能否让渡？私域让渡即把某个组织或个人的私域让渡给其他组织或个人。在特定条件下，私域是可以让渡的。私域让渡有三种方式。

（1）隐性让渡。如电商平台出售流量，其实就是把平台的私域通过让渡变成商户的商域。而且让渡过程有隐蔽性，用户无法感觉到。当然，让渡过程也很有技术含量，要求用户标签具有匹配性。平台的让渡模式是一次性出售——商户付流量费。

（2）以合作运营用户的方式让渡。比如社区团购，就是"团长"将私域流量让渡给平台运营，然后在后台分配利益（"团长"获得提成）。当然，美团优选和多多买菜这类社区电商的流量不是来源于私域让渡，而是来源于平台本身。兴盛优选这类社区电商采用的是合作让渡模式。

（3）用户裂变。某个用户把他的私域让渡给某个组织或个人。用户裂变在组织和管理上的控制难度很大。

双私域的必要条件

传统企业的数字化不能以 F2C 模式为主，必须以 F2B2b2C 模式为主。因为传统企业只有通过 F2B2b2C 才可以成建制、有组织地触达用户，才可以触达规模足够大的用户。F2B2b2C 模式意味着零售商（零售店）的私域让渡给了品牌商（厂家），双方共享用户资源。那么新问题出现了：零售商如何让渡私域给品牌商？

有两种方法。一种是一次性购买。平台过去做"地推"就是采用这种方式，早期有的平台做"地推"时没有付费。一次性购买，对应 F2C 模式。另一种是合作运营私域，即双私域。双私域就是品牌商私域＋零售商私域，双方合作运营私域（见图 2-9）。双私域一定是 F2B2b2C 模式或 F2b2C 模式（适用于渠道直分销模式）。

品牌商私域

基于品牌和产品认知与认同

只要在线触达用户，品牌商就可以直接运营用户

双私域

零售商私域

基于强关系和商圈半径

零售商可以把私域让渡给相互竞争的任何品牌

图 2-9　双私域＝品牌商私域＋零售商私域

双私域是我提出的全新概念。

运营双私域需要解决三个问题：一是定义什么样的品牌商（厂家）具备运营双私域的条件；二是从技术手段上解决双私域的深度连接问题；三是说服零售商落地私域让渡。

1. 运营双私域的条件

零售商私域是"关系＋深度连接"，品牌商私域是"品牌（产品）认同＋深度连接"。零售商（零售店）实现私域让渡需要用户认同品牌商（厂家）的品牌或产品，品牌知名度高的企业因此有优势。那么，品牌知名度低的企业是否就无法实现私域让渡呢？答案是不。用户只要在线下完成了交易，就可视为短期认同。所以，在线下交易过程中，深度连接同时完成，私域让渡过程同时也就完成了。

2. 私域让渡的技术手段

电商平台出售流量其实也是私域让渡，用户感觉到了吗？没有。平台是按用户画像出售平台流量的，具有很强的隐蔽性。数字化过程的私域让渡其实也是通过技术手段实现的，用户同样无法感觉到。"bC 一体化"的前提是形成 bC 技术绑定，只要 b 与 C 在技术上绑定了，厂、商、店三方便可共享用户资源，便完成了私域让渡。前文已经讲过，bC 技术绑定的方式主要是 bC 双码和 bC 小程序。

3. 零售商是否愿意让渡私域

私域让渡是双向的。"bC 一体化"是零售商（零售店）让渡私域给品牌商（厂家），同时也给品牌商让渡私域给零售商提供了技术路径。比如，多多买菜和美团优选是把平台流量让渡给了作为自提点的"团长"，如果平台能够与用户建立关系，就完成了私域让渡。如果"团长"只是履行自提点的职能，则让渡无效。"团长"能作为自提点，是因为用户与其在地理上相近，二者建立关系有助于以后开展经营活动。

零售商是否愿意让渡私域，关键在于利益分配。我强调"流量入口在哪儿，利益就在哪儿"就是如此。双私域可以实现双向让渡，那么，哪个私域更重要？双私域运营意味着两个私域缺一不可。但在实际运营过程中，零售商私域似乎更重要。

双私域的用户激活

运营私域意味着必须实现深度连接。在 F2C 数字化模式中，终端只有工具，用于一次性引流用户，"用过即丢"。而深度连接需要采用技术连接并激活用户，只有用户被激活了，才算实现真正的深度连接。

1. 用户激活

在双路径中，有两条隐性路径，一是用户激活路径，二是利益分配路径。在用户激活过程中，哪个私域更重要？用户激活分为两步：一是高频激活用户，二是形成用户黏性。高频激活用户主要靠零售商私域，形成用户黏性主要靠用户运营能力。

任何数字化模式都需要进行用户激活，但用户激活的手段有很大不同。在B2C和F2C模式中，采用的用户激活手段有两个：一是分发优惠券，诱导激活；二是在特定节日或其他时间节点，进行线上提醒。上述激活模式属于被动激活，用户不找你，你就找不到用户。

相对于品牌商激活用户单一的线上手段，零售商可以采用线下（现场）、社群和线上等多样化的手段。一般来说，激活新用户，用线下手段、社群手段更有效。线上手段的"千人千面"只有在用户具有黏性后才有效；线下激活，现场手段、一对一的手段对新用户可能更有效。一是因为线下和社群手段交互性更强，特别是零售商与用户往往有强关系，再辅以其他营销手段，激活用户不难。二是线下和社群激活，往往能在用户端形成势能。因为零售商的一些用户之间也有强关系，激活一批用户会影响更多的用户，甚至用户之间也会相互激活。

2. 用户密度

在用户激活上，密度即势能。密度是指用户密度。用户密度在渠道数字化中是一个非常重要的概念。只要与线下相关，一定要讲密度。确定用户密度时，要有密度边界，比如，全国的用户密度、全省的用户密度。初期，在用户数量不多时，用户密度的边界是社区，而社区与零售店是一组生态。当用户达到一定密度时，反过来也会激活零售商，强化零售端，即 b 与 C 互为杠杆的支点。

渠道数字化运营的两个关键点见图 2-10。

高频激活
依靠技术手段和零售商私域

用户黏性
依靠用户运营能力

用户相互渗透
让用户影响用户

密度形成势能
借用户势能影响零售商

图 2-10　渠道数字化运营的两个关键点

双私域下的利益分配方式

零售商不配合双私域运营怎么办？初期，当然有不配合的零售商，但只要双私域从体系设计上解决了零售商的利益分配问题，零售商凭什么不配合？在"用过即丢"的私域让渡方式下，零售商不配合很正常。这也是我反对 F2C 模式的原因。

企业要解决零售商担心的问题就需要提供利益保障，更要解决零售商的核心利益问题。这可以从两方面着手。一是在流量下滑的情况下，通过双向私域让渡的方式解决零售商的增量问题。在接下来的第 3 章介绍的"数字化操作五步法"中，我将其总结为"有感增量"，即让零售商感觉增量明显。二是采用数字化利益分配方式，这是制度性保障。双私域的核心理念之一就是不以渠道交易为利益分配基准，而以流量入口为利益分配基准。

渠道数字化是长链路触达，短链路运营。短链路运营包括 F2C、B2C、b2C 三大运营主体。在 b2C 运营方式中，零售商（b）是有交易利益的，但在 F2C 和 B2C 运营方式中，零售商没有交易利益。但是，没有零售商（b）提供流量入口，F2C 和 B2C 的交易就不存在。因此，必须按流量入口分配渠道利益。哪怕零售商没有参与交易，只要流量入口是零售商提供的，也要按约定为其分配渠道利益。在实践中我发现，只要交易利润能即时打入零售商账户，零售商是很兴奋的。

总体看来，激活零售商的方式有四种：

（1）依靠用户（C）密度激活 b，b 与 C 相互激活；

（2）双私域下，按流量入口分配利益；

（3）品牌让渡自有流量，为零售商创造增量；

（4）在商圈内交叉调动用户，进行用户再配置。

2.4 双场景：线下场景 + 线上场景

全网零售额之所以能在社会消费品零售总额中占据 30% 左右的份额，是因为电商开创了一种新型的交易场景。吴声在《场景革命》一书中表示，互联网开创了两大场景，一是线上交易场景，如阿里系平台；二是流量入口场景，如微信、今日头条等。

如果把传统交易场景称为第一交易场景，则第一交易场景是线下交易，线下即时交付。电商场景是第二交易场景，第二交易场景是线上交易，线下延迟交付。第三交易场景现在被称为 O2O，比如美团外卖，是线上交易，接近即时交付。以前，除了第三交易场景外，第一交易场景和第二交易场景是相当单一的，当新场景分流流量时，其没有反击之力，份额必然下降。

双场景，就是每个零售终端都不是只有单一交易场景，而至少有两个交易场景，在每个交易场景中都有竞争。三大交易场景（见图 2-11）的区别，可以用两个逻辑体系分析，一是认知、交易、交付体系；二是线下、社群和网络三重空间体系。

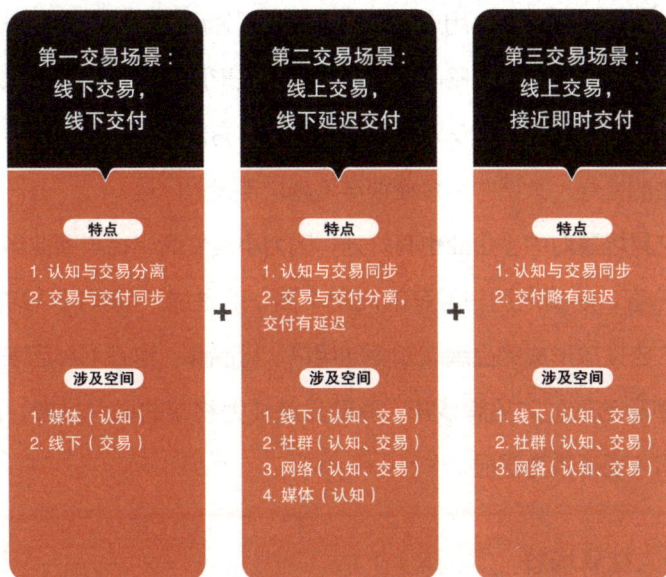

第一交易场景： 线下交易， 线下交付	第二交易场景： 线上交易， 线下延迟交付	第三交易场景： 线上交易， 接近即时交付
特点 1. 认知与交易分离 2. 交易与交付同步	**特点** 1. 认知与交易同步 2. 交易与交付分离， 交付有延迟	**特点** 1. 认知与交易同步 2. 交付略有延迟
涉及空间 1. 媒体（认知） 2. 线下（交易）	**涉及空间** 1. 线下（认知、交易） 2. 社群（认知、交易） 3. 网络（认知、交易） 4. 媒体（认知）	**涉及空间** 1. 线下（认知、交易） 2. 社群（认知、交易） 3. 网络（认知、交易）

图 2-11　三大交易场景

三大交易场景的颠覆式创新

1. 第一交易场景

第一交易场景的特点是：认知与交易分离；交易与交付同步。工业时代，大众传媒主导了用户的认知，比如品牌广告。品牌要做到人尽皆知，成为用户认可的选择，这就是品牌驱动。但是，从用户产生认知到用户下单必须经历转换。比如，用户晚上看电视对某品牌形成记忆，第二天到零售店购买该品牌的产品。因此，大众快消品对渠道的要求是尽可能做到"无处不在，随手可得"，降低交易成本，给用户购买创造便利。

方便、便利是渠道的本质。在交易过程中，一手交钱，一手交货，称为交易、交付同步。第一交易场景涉及两大空间：一是媒体空间，比如电视品牌广告，媒体空间是主要认知空间；二是线下空间，线下空间是主要交易空间。认知与交易分离带来的问题是用户认知成本高，因为用户获得认知信息与产生交易有时间差，如果用户认知不够，交易时就无法形成品牌记忆，所以必须反复强化用户的认知。加上提供认知信息的大众媒体有限，最后形成媒体寡头与行业寡头共生的格局，大量中小企业很难跨越广告投放门槛。

第一交易场景对中小企业也有好处，因为小店生活半径与商业半径重叠，熟人也是熟客，店员向用户推荐的成功率高。这是线下场景的认知交易一体化。媒体广告投放形成的品牌认知驱动用户认可品牌，这在 KA 店表现得较为明显。渠道驱动形成的品牌认知，驱动品牌成为终端的推荐品牌，这在乡村店、社区店表现得较为明显。

2. 第二交易场景

第二交易场景的特点是：认知与交易同步；交易与交付分离，交付有延迟。这与第一交易场景的特点恰好相反。无论是通过口碑传播（线下空间），还是通过社群（社群空间）、媒体（媒体空间）、网络（网络空间）获取认知信息，智能手机普及后，用户都可以即时在网上下单。这个过程就是认知与交易同步。网上下单后，商家不能即时交付，要经过一段时间的物流配送过程。同城物流可以当日送达，异地物流的送达时间则要视交付距离和物流发达程度而定。

交付方式有两种，第一种是"到户"，比如顺丰快递、京东物流，这是真正的"到家"；第二种是"到社区"，比如菜鸟驿站。"到社区"不同于"到家"。通常而言，到菜鸟驿站取货的时间与到社区便利店取货的时间差不多。但菜鸟驿站采用集约式配送，如果一次多单同时取货，是会节约取货时间的。因为第二交易场景是延迟交付，所以只适用于按计划购买的物品，不适用于即时消费品。这注定了第二交易场景的市场份额有"天花板"。

认知与交易同步带来的最大好处就是流量能够快速变现。流量表现为用户认知，用户一旦形成认知，可以立即产生交易，通过手机下单，没有延迟，不像第一交易场景那样需要完成认知的持续积累。这对于新品牌快速提高销量有好处。但其缺点同样明显，"易攻则难守"，认知缺乏持续积累，品牌商就需要不断购买流量，从而形成关注依赖。认知缺乏持续积累是淘品牌和新消费品牌面临的很大问题。流量上升，销量即上升；流量下降，销量快速下降。交易对流量的依赖性强，销量的稳定性差。

3. 第三交易场景

第三交易场景的特点是：认知与交易同步；交付略有延迟，但延迟时间不长。美团等即是如此，交付时间多在 20 分钟至 1 小时。因为第三交易场景的零售端位于用户附近，所以下单以后的交易极其便捷，比如外卖。而且外卖还催生了一个职业群体——外卖骑手，交付更便利。

第三交易场景早期局限于特殊行业，如餐饮行业，产品需要保温、保鲜（如盒马鲜生的生鲜需要保鲜），没有延伸到大众消费品。传统零售店应从单一场景向多场景延伸，不少行业、零售店在试点。未来随着"bC 一体化"的推进，即使用户要购买传统零售店的商品，也可以在线上下单，即便是小店也可以通过"双货架"拥有大量 SKU。

双场景 + 三重空间

双场景，即同时拥有第一交易场景和第三交易场景，交易与交付既可以同步，也可以交付略有延迟。

双场景得以推动，要感谢三股力量：一是外卖，二是盒马鲜生，三是社区团购。它们丰富了第三交易场景的内容。有的外卖经营主体是专职外卖商家，没有堂食，有的提供堂食 + 外卖。西贝外卖的用户规模不知不觉已达到了十亿量级；麦当劳成立了独立于外卖平台的外卖系统"麦乐送"和独立的外卖团队，提出"24 小时配送，30 分钟必达"的口号，见图 2-12。

图 2-12　麦当劳"麦乐送"外卖系统

盒马鲜生是零售企业中较早开展双场景经营的企业，有的零售店线上订单量超过总订单量的 60%。其零售店提出"3 公里内最快 30 分钟送达"的口号，见图 2-13。

图 2-13　盒马鲜生"30 分钟达"配送服务

盒马邻里进一步提出"30 分钟到家，15 分钟便民"。"15 分钟便民"指的是第一交易场景里的便利店场景，居民步行到盒马邻里社区店只需要 15 分钟。"30 分钟到家"指的是第三交易场景里的 O2O 场景，居民在线上下单，商品 30 分钟送到家。

社区团购则把双场景推进到传统零售领域。有的社区团购的"团长"是专职"团长"，多数本身就是店长，"团长"是兼职，"店长 + 团长"就是双场景。社区团购对双场景的丰富表现在：一是预售，这是很重要的内容，后面在"双货架"问题中会讲；二是自提，自提虽然是用户到店取货，但它与预售结合，具有非常高的价值。

工业时代，商业依靠单维空间——线下空间。第一交易场景只是利用了单维空间。信息化时代商业已经有了三重空间，即线下（现场）、社群和网络空间。但是，第二交易场景仍然只是利用了单维空间——网络空间，这是对商业空间维度的浪费。在双场景中，认知、交易和关系都可以建立在三重空间中。在线下、社群和网络三重空间里，社群空间起着重要作用。

线下空间强关系，社群空间强交互，网络空间交易便利，这是对三重空间各自优点的概述。传统线下零售店在商圈半径里有强关系，熟人即熟客，这是传统零售店的优势。虽然传统零售店有线下强关系，但不能因用于商业而干扰用户生活。因此在关系互动中，零售店有一定的被动性，不能干扰用户生活。

在商圈关系互动中，社群起到很好的缓冲作用。首先，很多零售店建立了用户社群，社区团购就是以社群作为用户互动的平台。其次，不同于有功利色彩的社交电商（微商），社群交易具有平和、温暖的特点。因为用户同处于一个社区，都是熟人，所以社群交易方式更人性化。正是通过社群，线下空间的强关系得以变成社群空间的强交互。社群交互没有太强的干扰性，这就为将流量转移到网络平台打下了基础。最后，一个社群的用户在需求上有相似性，比较容易达成共识。线下与网络打通有很大难度，但传统零售店通过社群这个渠道可以实现双场景交易。

双场景新店商，解商店之困

兼具第一交易场景和第三交易场景的零售店，叫作双场景的"新店商"。为其取名新店商不是在玩文字游戏，而是其与商店有不同的零售逻辑。商店之"店"，固定于特定地理位置；店商之"商"，活跃于用户之间。"店"与"商"有主动与被动之别。商店概念中，店是流量的核心，以店引流，客情决定用户黏性。在店商概念中，人是流量的核心，店有基础流量，人是流量主体。现在正是要用新店商解商店之困。

千百年来，零售商业的场所都叫商店，商店即店铺。习惯上认为，大者为店，小者为铺，二者都是贸易活动的场所。酒店、饭店、旅店强调了店有地理性，商店要营收，地理位置决定了流量，所以地段很重要。零售店面积决定了商圈半径：小店的商圈半径在用户步行 15 分钟范围内；大店的商圈半径较大，需要用户开车购物。对商店营收起主要作用的是地段和营业面积。在经营能力一定的情况下，地段越好，营业面积越大，营收越高。但是，商店有对冲项。地段越好，营业面积越大，租金越高，所以有"商店是给房东打工"的说法。店商不是电商。电商无实体零售店，只在电商平台有虚拟店。

店商 ≠ 电商

店商有实体零售店，其与商店一样受商圈半径的制约。同时，店商也有线上店，其不受商圈半径的制约。实体店的好处是线下有强关系。电商崛起之初，用户曾经欣然接受"亲"式互动，现在看来，只不过是觉得新鲜而已。有线下强关系，就容易形成"人链"。深度分销就是厂家围绕渠道形成"人链"。在农业社会，因为生活半径与商业半径重叠，熟人即熟客，客户关系管理是零售店的基本功。

这种独特的客户关系在商业上是有价值的，特别是在社会化媒体时代，社群成为个人标配，商业围绕"人链"展开。在围绕"人链"展开的商业中，店在何处已经不重要了。线上店，即人在哪里，店就到哪里；关系到哪里，店就到哪里。从交易角度看，店商是"零售店 + 线上店"，零售店是线上店的基石。没有零售店做基础，纯粹的线上店就变成了社交电商。

商店发展的主要瓶颈就是商圈半径有限，营业面积制约了 SKU 数量。线上店恰恰不受此限制，线上店采取线上下单，线下配送。线上下单，不受商圈半径影响。线下配送，距离近的即时送货，距离远的采用第三方配送，与电商相似。零售店营业面积制约了 SKU 数量，而线上店的 SKU 数量理论上是无限的。有些商店在互联网时代变成了"网红"店、"打卡"店，就能够吸引商圈半径以外的用户。

抓住零售店的机遇即掌握未来

双场景的出现，给零售店带来了新的机遇。那么新店商未来会呈现出怎样的特点，又会出现哪些新的职能？企业应如何抓住这一机遇，将零售店的运营作为数字化转型中重要的一环？接下来，我将从四个方面分析。

1. 有零售店，但不依赖零售店

对于传统商店来说，零售店目前重视交易，而未来重视体验。体验形成强认知、强关系。体验是新店商的起点，交易更多在线上完成。新店商为啥还需要零售店？传统零售以零售店为交易场所。对新店商来说，零售店已经不是主要交易场所了，零售店的价值体现在何处？我认为零售店对于新店商来说不可或缺。因为零售店具有信用背书的作用，是培育粉丝的渠道。

（1）用户信任。零售店可以被视为信用标志，特别是在社群的信用力下降的时候，新店商有零售店就很重要。

（2）配送前置仓。新店商的配送有三种模式。一是零售店配送，主要是零售店周边配送。新店商的配送半径远超便利店的商圈半径，零售店配送依距离远近可分为零售店送达和第三方送达（同城配送）。二是区域分仓配送，一般针对零售店没有的 SKU，或者跨城配送。三是总部配送，适用于低频消费 SKU。

（3）场景式陈列。商店店面的功能是陈列、交易。新店商的零售店，陈列、交易功能弱化，但场景、体验有所强化。因此，新店商的零售店不像商店。

（4）深化用户关系。商店的功能是交易，没有培育、孵化用户的功能，因此，所谓的客情关系不过是买卖双方间搭几句话。近几年，我发现设茶桌的烟酒店越来越多，因为烟酒店的核心顾客大多不进店了，进店的多是散客。那么，茶桌的功能是什么呢？我认为是"深化关系"。深化关系除了可使客情稳定外，还可以影响更多的用户，尤其是 KOC。

2. 线上流量为主要流量

线上流量作为主要流量，其覆盖半径比传统零售店大得多。线上流量大致有下列几大来源。一是基于 LBS 的搜索流量。一个 IP 品牌的粉丝无论走到哪里都会搜索地址，寻找最近的供货零售店。因此，新店商开放电子地图地址是标配。二是电话订单。老用户或者新用户从地图 App 中查询电话，用电话下单。三是微信订单。新店商的店主有专属粉丝群，有些 KOC 也会建立粉丝群。一旦群友有需求，就会找店主下单，或者由群友推荐。四是线上店订单。

3. 利用小 IP 或 KOL

双场景要求有双客情。双客情包括长期关系形成的客情和利用影响力形成的客情。但是依靠长期关系形成的流量是有限的，利用小 IP 和 KOL 形成的影响力可能是无限的。比如很多小店通过打造"网红"店或"打卡"店做成了大生意。

4. 零售店有即时配送和第三方配送能力

如果说第一交易场景带来了存量，那么第三交易场景就带来了增量。只要找到创造增量的办法，就能够摆脱电商出现以来流量下滑的困境。因此，新店商不仅是零售业摆脱流量困境的办法，也是品牌商的机会。如果品牌商协助零售店成就双场景，也可以为自己解困。

线下做透一个店，线上打爆一个县

怎么做好新店商？从品牌商（厂家）角度看，有一个法则：线上做透一个店，线上打爆一个县。如果说商店的流量来自商圈半径，那么线上店流量从何而来？新店商的线上店不像电商平台上的商铺那样购买流量，线上店流量只有两大来源：一是品牌商引流；二是零售店的"人链"引流。零售店"人链"引流是单店逻辑，品牌商引流是多店逻辑。推广新店商的方法是"线下做透一个店，线上打爆一个县"。"做透"一个店是单店逻辑，"打爆"一个县是多店逻辑。

"做透一个店"之店，不是指普通零售店，而是指具有体验性质的体验店。体验店的价值是建立认知，而且是建立强认知。没有品牌（产品）认知，双私域的私域让渡就很难做到。零售店基于关系的连接无法变成基于品牌（产品）认知的连接。因此，现在有一种趋势：很多快消品行业龙头企业在尝试建设区域体验店，一个体验店影响一片社区零售店。这是"做透一个店"能够"打爆一个县"的原因。

"做透一个店"分三步。

（1）在商店日常营业中发现 KOC。与 KOC 建立商业关系，进而建立生活关系，从客情发展到人情；或者通过品牌商的体验活动，深化与 KOC 的关系。

（2）与 KOC 建立线下关系，进而建立社群关系、网络关系。如此，既获得了线下的强关系，又获得了社群的强互动。

（3）通过体验活动让 b 端的 KOC 建立强认知。KOC 在 b 端通过体验形成强认知，这是私域让渡的基础，KOC 的强认知也是认知扩散的基础。

做好上述三方面，KOC 就具备了"人链"价值，可以协助零售店引流。所谓引流就是基于人际关系的自然推荐，但一定不能进入像微商一样人际关系过度商业化的状态。如果说单店引流是"润物无声"的，那么多店联动就是"惊天动地"的。比如，董明珠与其他"网红"直播，相同之处是董明珠本人也是"网红"，能够聚集粉丝，为零售店引流。同时，零售店自身也可以引流到直播平台，让用户对董明珠的直播形成认知，最后在线上店成交。在腾讯系的直播系统中，引流路径非常清晰，可以细化到每个人的流量。多店联动的引流逻辑就是"打爆"，即快速形成用户密度和注意力焦点，从而形成用户势能。有了势能，一个区域所有零售店的销量都会增加。

2.5 双货架：线下货架 + 线上货架

零售商数字化以后可以有双场景，双场景的好处是收获双客源，即同时占有线下客源和线上客源，开启对电商客源的分流。要争夺线上客源一定要有线上货架。所以，零售商数字化需要双货架（见图 2-14）。那么，线上货架的SKU 从何而来？

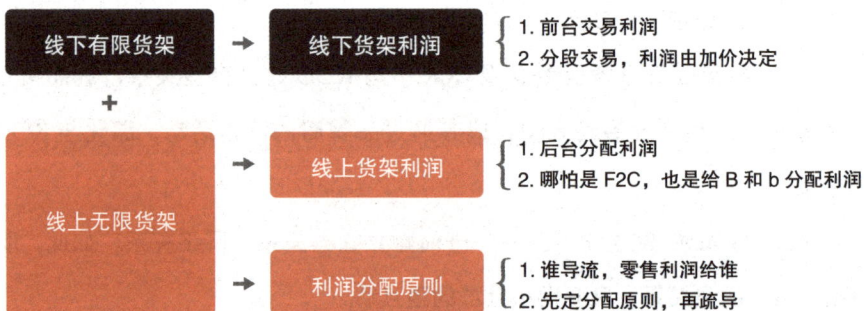

图 2-14　双货架与利润分配

一种是把零售店的 SKU 全部上架，进行现货销售；另一种是以供货商的线上货架为零售店货架，进行无货销售或预售。比如，零售店店主同时也是社区团购的"团长"，除了传统线下货架外，还有平台的线上货架。双货架对于厂家和零售店来说都有极大的好处，对零售店的好处是打破了零售业的桎梏"级差地租"，对于厂家的好处是消除了渠道 SKU 漏斗现象。

双货架是一场商业革命

当零售店可以同时拥有线下货架和线上货架时，对商业来说是一个革命性的事件。传统商业无论如何创新，一直无法突破级差地租的限制。级差地租是源于农业社会的概念。土地因受地理位置、肥沃程度和距离市场远近等的影响，存在优劣的等级之分。土地所有者利用较好的土地和回报高的投资获得的超额利润，被称为级差地租。

农民租种土地，到底是租种肥沃的土地好，还是贫瘠的土地好？肥沃的土地粮食产量高，但地租也高。贫瘠的土地虽然地租低，但粮食产量也低。租地农民的收益是粮食产量与地租两者综合平衡的结果。级差地租逻辑在零售业中同样适用。零售业的关键是地段，但是，好地段虽然用户流量大，但房租相应也比较高；差地段虽然房租低，但用户流量小。房租与地租同理，种粮食与商品零售同理，核心的制约因素是级差地租。所以，有人说开店就是替房东打工。

零售业的流量是由地段和营业面积决定的。地段好，自然客流量大；营业面积大，商圈半径大。零售店的 SKU 数量是由零售店面积决定的，好地段的零售店面积无须太大，否则房租太高。除非是旗舰店，本来就不以盈利为目标，而以品牌传播为目标。零售店面积受限，SKU 数量就受限。即使客流量大，如果 SKU 少，交易的概率也会下降。当零售店面积一定时，一般只能选择头部 SKU。头部 SKU 虽然销量大，但毛利往往并不高。

零售业由于级差地租带来的这对矛盾，在农业社会没有解决，在工业社会没有解决，在电商时代同样没有解决。电商的流量费类似零售店的房租。对于零售业的这对矛盾，可用哈佛教授麦克奈尔提出的"零售业轮转假说"解释。他认为新型商业机构初期都是"三低"（低地位、低毛利、低价格）的，如果取得成功，就会改善设施，提供更多服务，接着就会增加费用，强制提高价格，结果它们都会与被它替代的商业机构一样，成为"三高"（高地位、高毛利、高价格）机构，成为商业革命的对象，直至新的商业机构出现。

线上货架是无限货架，无限货架理论上可以有无限 SKU。因此，**双货架就解决了传统零售店无法解决的地段与 SKU 数量的矛盾**。现在，如果是一家地段好、面积小的零售店，只要能够连接 C 端，就可以通过线下货架销售头部 SKU，通过线上货架销售长尾 SKU。如果是一家地段差的零售店，那么只要零售店通过良好的人际关系连接 C 端，仍然可以通过线上货架销售众多 SKU。"bC 一体化"的"小零售店，大运营"思维中的线上货架就是其体现之一。

小零售店，双货架，大生意

近几年，在电商进入增长平缓期时，不同类型的线下零售店境遇不同。传统 KA 店客源流失仍然很严重，但线下小店却客源回流了。KA 店是按计划购买，电商商户也是按计划购买，两者重叠比较多，客源持续流失可以理解。在线下小店，用户进行即时消费，因此便利特别重要。过去，便利就是用户只用步行 5 ~ 15 分钟即可到店。盒马邻里"15 分钟便民，30 分钟到家"是基于对销售场景的合理把握提出的。

步行 5 ~ 15 分钟，这是可以实现高频社交的商圈半径。在这个商圈半径中，把线下强关系延伸到社群，再连接到网络不是难事。只要用户连接到网络，无限货架就能发挥作用。无限货架的无限 SKU 让线下的强关系变成强黏性的线上交易关系，同样不是难事。小零售店，双货架，意味着可以预售或无货销售。在数字化"六双"运营体系中设定了一个机制：既按交易主体分配利润，也按流量入口分配利润。在零售店无货的情况下，比如新品上市，即按F2C模式运作，零售店线上销售，厂家直接配送，只要用户是经过零售店的流量入口进来的，零售店仍然可以分配到利润。

双货架意味着零售店不因面积小而生意小，也不因地段差而业绩差。双场景、双货架为零售店提供了一种可能：只要零售店能够提供足量的用户流量，不管是否有店面陈列，是否有资金进货，都可以做成大生意。店面大的优势在于：一是建立关系，形成私域流量；二是实现近距离交付。

对于厂家来说，协助小零售店做大生意就是赋能。现在很多厂家提出的数字化赋能，零售店并不能感受到。当赋能变成"有感增量"和"有感利润"时，零售店就能感受到实实在在的赋能。

1. 渠道 SKU 漏斗

假设一家快消品行业龙头企业有 500 个 SKU，一个区域经销商能够进货200 个 SKU 就相当不错了，大型零售店也许能够进货 50 个 SKU，小型零售店进货 3 ~ 5 个 SKU 已经相当厉害了。这就是渠道 SKU 漏斗模型（见图 2-15）。漏斗的入口很大，但最后漏下来的很少。因此，有人把通路称为阻路——阻碍 SKU 进入下一个渠道。

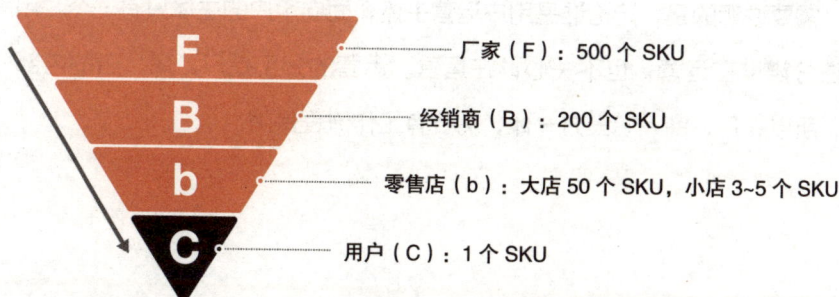

图 2-15　渠道 SKU 漏斗模型

厂家（F）：500 个 SKU

经销商（B）：200 个 SKU

零售店（b）：大店 50 个 SKU，小店 3~5 个 SKU

用户（C）：1 个 SKU

新品上市时，渠道 SKU 漏斗现象更明显。渠道每个成员都可以找一个理由否决新品进入下一个渠道，这种现象也叫渠道的"层层否决"。线下渠道的 SKU 漏斗现象暂时无法消除，但是，线上货架可以实现全 SKU 上架，基本可以消除渠道 SKU 漏斗现象。特别是新品上市时，通过 F2C 模式一步触达 C 端，实现渠道拉动。渠道拉动消除了渠道的层层否决现象。线上销售业绩这么好，线下凭什么不进货？这就是渠道拉动的原理。

2. 线上货架运营

线上货架，流量主体是零售店，这是由 F2B2b2C 模式的"bC 一体化"特征决定的。除了新品上市、重大推广活动等特殊情况外，线上货架有三种运营方式。

第一种运营方式：零售店有现货的 b2C 运营。零售店有现货，用户下单后只需完成交付即可。零售店单独完成运营。

第二种运营方式：经销商有现货的 B2C 运营。如果零售店无货，但经销商有货，完全可以由经销商运营，履行交付职责。在我国县级经销体系之下，经销商交付基本是同城交付，需要提醒用户交付延迟时间。

第三种运营方式：厂家有现货的 F2C 运营。当零售店和经销商都无货时，由厂家（品牌商）承担运营、交付职能，同样要提醒用户交付延迟时间。厂家交付时，如果货在总仓，交付时间长；如果货在区域仓，交付时间短一点。

需要说明的是，无论谁是用户运营主体，面向用户的主体只有一个。用户无法分辨谁在运营，也不关心谁在运营。运营的分工是厂、商、店的内部分工，所以，厂、商、店三方一体，需要有工作流程保障。

2.6 双交付：线下交付＋线上交付

一手交钱，一手交货。这是传统零售的交易与交付方式——交易与交付同步。线上交易，线下交货。这是线上交易的交易与交付方式——交易与交付分离。

部分线上交易是非实物交易，以电子方式就可以完成，同样是交易与交付同步，比如话费充值。只有实物交易需要线下交付。据国家统计局公布的数据，2020 年，我国社会消费品零售总额为 391 981 亿元，全网零售额为 117 601 亿元，占社会消费品零售总额的比重约为 30%。其中，实物商品网上零售额为 97 590 亿元，占社会消费品零售总额的比重为 24.9%。

网上零售分为实物商品网上零售和非实物商品网上零售。无论是哪种商品零售，网上交易都可以用电子方式瞬间完成。非实物商品同样可以用电子方式交付，交易与交付同步。但实物商品的交付必须跨越时空，通过线下完成交付。

2B 交付与 2C 交付

零售终端有双场景、双货架时，一定会涉及商品交付问题。此时，商品的交付为双交付。F2C 数字化模式的交易与交付方式与电商（B2C）相同，F2B2b2C 数字化模式的交付方式则比较复杂。三个经营主体（F、B、b）都存在交付问题，而且既存在 2C 交付问题，也存在 2B 交付问题。

1. 2B 交付

传统渠道的交付是分级交付，包括 F2B 的远程物流及 B2b 的同城配送两级交付。F2B2b2C 模式中，增加了另外一种交付模式：F2b 的终端直达（见图 2-16）。

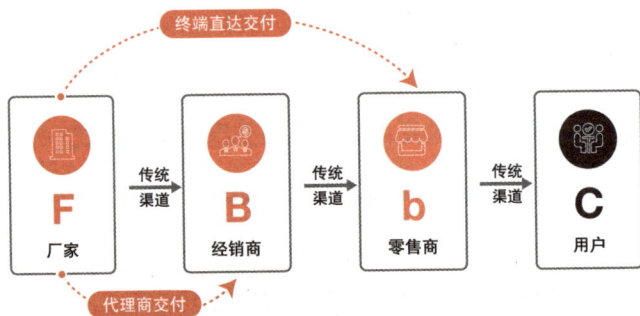

图 2-16 F2B 与 F2b 的终端直达交付模式

终端直达非常好，极大地减少了货物从出厂到抵达用户手中的装卸次数。美的集团的安得智联物流系统通过"一盘货"实现用户直达，货物交付用户前的装卸次数从传统物流的 6 次下降到 3 次。

终端直达有两种模式。一种是"两次交易，一次交付"。交易方式是 F2B+B2b，但在 F2B 模式中只交易、不交付，B 的货暂存于 F 确定的第三方物流配送平台的仓库，等到 B2b 交易时再配送到 b。另一种是 F2b 模式的交付。F2b 是 b 直接向 F 下单，规避渠道 SKU 漏斗。这种方式特别适合多品牌、小批量的 SKU 模式。虽然 b 可以向 F 直接下单，但是在利益分配上还是要给 B 留下利益空间。

2. 2C 交付

在 F2B2b2C 数字化模式中，F2C、B2C 全部是交易与交付分离，b2C 是部分交易与交付分离（见图 2-17）。凡是 2C 交易都涉及 2C 交付问题。F2C 交付可以是总仓交付，也可以是区域仓交付或前置仓交付，视厂家的货源抵达渠道的程度而定。B2C 交付可以是区域仓交付，也可以是前置仓交付。无论哪种交付方式都不会是多级交付，这样能大大减少交付过程中的装卸次数，提升交付效率。

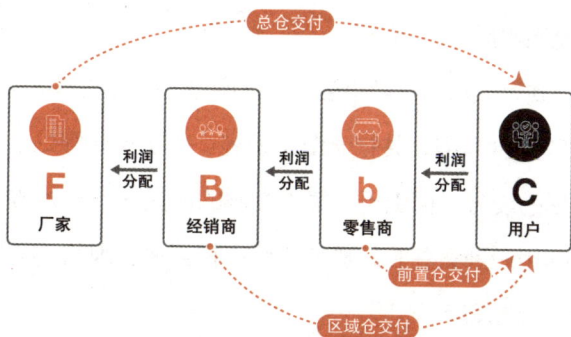

图 2-17 F2B2b2C 的交付模式

　　三大经营主体同时做 2C 业务，不会相互截流，反而可以提供下一级渠道没有的 SKU，用户可以通过 F2B2b2C 平台向上一级渠道下单。当然，在用户（C）眼里是没有 F2C、B2C 和 b2C 之分的，只有线上 b2C 和线下 b2C 之分，这是双私域的流量来源特征决定的。F2C 和 B2C 的交付可以参照电商（B2C）模式。

　　与 F2C 交付和 B2C 交付相比，b2C 交付要复杂一些。

　　双场景增加了零售店的交易机会，双货架增加了零售店的 SKU 数量，同样增加了交易机会。预售等交易方式提高了交付的复杂程度。

　　b2C 的交付方式大致有四种。

　　（1）到店交付。线下下单，现场交付，是传统零售模式。

　　（2）到店自提。线上下单，到店交付。社区团购的自提属于此列。

　　（3）到户交付。线上下单，到户交付。"到户"是真正的"到家"，京东、顺丰属于此列。

　　（4）社区交付。线上下单，社区集约交付。现在的很多"到家"，其实是"到社区"，比如菜鸟驿站。

　　b2C 线上交易大大简化了交易过程，但增大了交付难度，特别是小店的交付。小店往往只有一个人站柜台，顾得了现场，顾不了交付。而一般用户对交付的"窗口期"要求很高。比如用户只有下班时间家里有人，这段时间恰恰又是零售店客流高峰期。

到店自提模式可以相对缓解小店的上述困难，但自提本身会给用户带来麻烦。因此，b2C 交付利用公共物流配送设施（比如菜鸟驿站）很重要。菜鸟驿站仍然有自提的成分，但由于是集约性质的自提——一次提一批货，所以习惯线上下单的用户到菜鸟驿站提货的频率相当高。因此，b2C 的交付要考虑利用公共物流配送设施。

从分级配送到直达用户

有人说渠道层级多，会带来效率低。首先，渠道层级多，这是没有办法的办法。我国国土面积大，要实现高密度覆盖，必须有足够的层级。如果渠道层级不够多，品牌商内部管理层级就会增加。

而渠道的效率低，主要原因在于物流配送方式。渠道层级多，而还是分级配送，导致物流配送效率低。在渠道逻辑中，经销商的核心工作是渠道建设和产品推广。但在实际运营中，配送占据了大部分时间，甚至有的经销商的工作就是围绕配送转，在送货过程中，顺便解决其他问题。无形中，没有配送，经销商好像就失去了工作的抓手。

"大篷车"式的物流配送虽然正在被订单与配送分离取代，但分级配送仍然是制约渠道效率的重要因素。渠道数字化过程中，经销商的职能也在发生变化。传统经销商集四个职能于一身——推广、订单管理、物流管理、融资，形成小而全的格局。未来，每个职能都由专业服务商替代，并且物流配送一定会形成规模化平台（渠道职能的转变详见 5.4 节）。

专业化的仓配平台，不再采用分级配送，而是直达用户。 当然，这个格局的形成需要时间，但逻辑如此，趋势如此。随着第三方仓配平台的普及，F2b 交付模式和 F2C 交付模式（见图 2-18）会成为主导模式，从而倒逼经销商实施数字化转型，找到新的工作抓手。

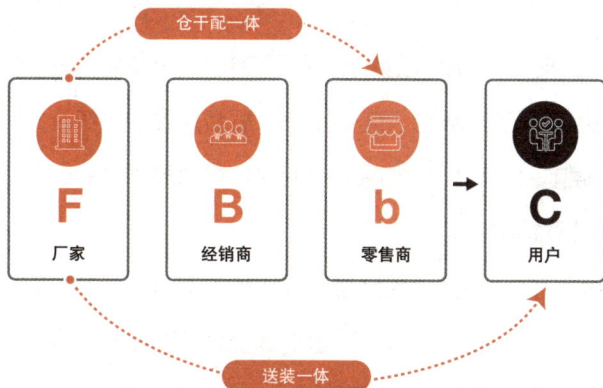

图 2-18　F2b 与 F2C 直达用户的交付模式

2.7　双中台：后方中台 + 前方中台

数字化中，中台就像用户画像一样，是一个绕不过的话题。**用户画像是数字化的关键，中台则是数字化的心脏**。当有人说中台时，我们要了解他是站在什么立场说中台的。因为有三个不同体系的中台，不应混淆。

（1）平台体系的中台。比如淘宝的中台、拼多多的中台。

（2）电商商户的中台。比如三只松鼠的中台，这是直接实现 2C 的中台。

（3）品牌商的中台。比如统一的中台、江小白的中台，这是"bC 一体化"的中台。快消品营销数字化的中台，指的是第 3 类体系的中台。

前台是系统的前端平台，是直接与终端用户进行交互的应用层。后台是指系统的后端平台，终端用户是感知不到它的存在的。后台的价值是存储和计算企业的核心数据。用户需求的变化决定了前台系统需要快速迭代，响应用户需求，而前端的变化需要后端支撑，这就对后台的快速应变提出了要求。而后台设立之初的核心目的并不是服务于前台，而是为了提升后端数据的安全性及系统的管理效率。

中台使基于前台＋后台的架构发生了变化。我的理解是：前台是连接系统，通过各类互联网工具触达、连接用户；后台是履约系统，完成用户订单的交付；中台打通前台、后台。电商平台的中台包括技术中台、营销中台等。数字化转型只涉及营销中台。

电商平台的前台、中台、后台与传统营销的前台、后台不同。传统营销有前方、后方，一线、二线的概念，这是地理视角下的概念。电商平台的前台、中台、后台，从地理视角看都是"后方"。电商平台的前台、中台、后台是企业在响应用户需求过程中涉及的不同应用层。

（1）传统深度分销是"人链"，面向 B 端，可以滞后响应。事实上，业务员周期性拜访，小问题手机沟通，大问题现场处理，本身就是一种滞后响应。

（2）无论是 B 端还是 C 端，只要在线，必须实时响应，若一直在线，则要瞬间响应。前台无法解决瞬间响应问题，由中台解决。

（3）中台虽然处于后方，但必须与前台协同。只不过前台是在地理上的一线，中台是在虚拟平台的一线。一个是线下一线，另一个是线上一线。有人可能会说，能不能把中台和后台统称为后台，只设前台、后台，不设中台。我认为，线上运营以中台为主，而且"bC 一体化"需要前台、中台密切配合，融为一体，否则，"bC 一体化"只是空话。

（4）对于前台业务员的行为，中台通过数字化的优化，给出行为指引。比如精准营销的"定点爆破"，甚至包括每天的行程优化。

（5）营销数字化最重要的数据是 bC 关联数据，只有前台、中台结合才能获取到这类数据。

从上面的表述看，前台在地理的一线，中台在虚拟平台的一线。线上线下要打通，两者必不可少。没有前台，就无法从 B 端延伸到 C 端，中台是无源之水。没有中台实时在线，C 端在线的价值无法充分发挥。

总部中台和区域中台

在互联网与传统渠道结合后，容易发生概念混淆的情况，因为其中既有传统营销的地理视角，也有电商平台的流程视角。数字化的前台在哪里？当然是在触达用户、连接用户的场景中，即三大超级触点——人、货、店。从互联网视角讲，这是前台；从传统营销角度讲，这是前方。数字化当然需要中台，但数字化的中台到底在哪里？在前方，还是后方？

数字化运营的中台在前方或后方有差别吗？当然有差别。差别的形成有两方面的原因。一是渠道数字化是多主体运营，既有 F2C，也有 B2C、b2C。对 F2C 运营而言，中台在总部当然没问题；对 B2C 和 b2C 运营而言，中台放在总部就不太合适了。在 F2B2b2C 模式中，F2C 是非常态运营，B2C 和 b2C 才是常态运营，所以经销商和零售商的运营会更频繁，数字化运营会更深入。二是渠道数字化是线上线下融合，不是纯粹的线上作业。比如围绕单店开展用户运营，既可能从线上引流到线下，也可能从线下引流到线上。这在平台电商中是没有的。线上线下相互引流，中台放在所在区域更合适。

综合考虑，我认为"双中台"模式最好。双中台就是两个中台。一个是总部中台，负责服务数字化的规划、技术系统和 F2C 运营；另一个是区域中台，主要负责 B2C 和 b2C 运营。

双中台模式与目前我国大型企业的市场部模式有相似之处。我国大型企业的营销体系包含销售部、市场部，销售部有总部销售部、区域销售部，市场部也有总部市场部、区域市场部。市场区域太大，差别也大，企业的区域发展可能不平衡。因此，区域市场部的角色同样很重要。区域市场部受双重领导，既受总部市场部的领导，又受区域销售部的领导。

由谁承担中台的角色

在 F2C 数字化模式中，一般由 IT 部门承担中台的角色。那么，在 F2B2b2C 数字化模式中，由谁承担中台的角色？是 IT 部门，还是独立成立中台？无论是独立的中台，还是 IT 部门，都很难实现 F2B2b2C 模式的两个融合——线上线下融合，厂、商、店三方融合。因此，市场部转型数字化中台是比较好的方法。

中台如何运营，要看营销数字化后，前台和中台如何定位。前台完成了 2B 的关系建立，以及承担了"bC 一体化"的连接职能，2C 的认知和交易几乎都交给了中台，前台人员的数据化分析也交给了中台。因此，中台不再只是支援性和事务性部门，而是数字化运营的"神经中枢"。因此，营销数字化的中台，有下列职能。

（1）2B 和 2C 的在线化运营。作用类似在线客服。

（2）2B 和 2C 的用户画像。

（3）2C 的用户即时响应。根据用户画像和用户政策建模，实现在线即时响应用户，完成中台自动分发。

（4）2B 的数据分析，发现 2B 方面的问题，为前台人员提供行为指南。

（5）根据营销策略和销售政策，与前台人员共同制定销售方案。

（6）内容平台的运营。

在 F2B2b2C 模式中，销售部、经销商承担着触达 C 端、连接 C 端的责任，成了数字化的前台。只不过销售部既是线下的销售部，也是数字化的前台，有双重角色。同样，当市场部转型中台后，其既承担着线下市场部的职能，又承担着线上中台的职能，还承担着线上线下融合、互通的职能。

公方刚老师说，数字化以后，机器会像人一样思考，人会像机器一样做事。这种现象会不同程度地发生。机器基于数据的思考，可能比人更精准、及时，但机器还是无法完全代替人，因为关系的价值仍然存在。"bC 一体化"

的 C 端，不是电商的 C 端，而是基于 B 端"关系让渡"的 C 端。

　　我曾与一家运营中台（内部叫平台）的传统企业交流，其表示，有了中台以后，前台的决策权会减少、自由度会大大下降。比如，中台会通过数据计算，告诉业务员哪里有问题，明天的行程怎么优化。虽然中台只是提出了建议，但通过决策者下达，建议就成了工作指令。在这个过程中，中台就像前台的"参谋部"。

第

3

章

数字化操作五步法

2003 年后，我任职的《销售与市场》杂志曾大力推广"深度分销八步法"，深度分销因此得到快速推广。这套模式成为当时各企业争相模仿的主流模式。渠道数字化如果还处于认知层面，则离全面落地还有一段距离；只有进入模式层面，才能进入大规模推广阶段。

经过近年来的观察和实践，我于 2021 年提出数字化操作五步法（见图 3-1），其是渠道数字化操作的初步模式。本书成书之前，在我与头部企业的深度合作与交流中发现，这套方法论已经得到了积极的反馈和印证。

图 3-1　数字化操作五步法

3.1　最小经营单元

最小经营单元并不是营销常用语，但在分析营销变化的脉络时，人们通过此概念很容易抓住关键点。农业社会的最小经营单元是家庭，家庭既是生活单元，也是农业生产单元。我国农业社会高度发达，就是因为生活单元与家庭单元一致，家庭生活秩序与农业生产管理秩序一致。在低水平的农业生产条件下，家庭联产承包责任制的有效性就源于此。

工业社会的最小经营单元是公司/企业。公司作为经营单元，与生活单元分离。正是公司规模的扩大，催生了现代管理。德鲁克敏锐地洞察到了公司不仅是生产单元，也是社会单元的事实。公司成为不同于家庭的新社会体系。

电商的出现带来了"平台＋小单元组织"，比如韩都衣舍的"三人团"。平台是公共平台，承担了过去很多企业必须承担的公共职能，降低了运营单元的门槛。小企业依靠平台以及强大的供应链、制造业产能，能够更快速地崛起。农业社会、工业社会、信息社会是宏观形态，经营组织却落在最小的运营单元上。这是用微观把握宏观的一个观察点。

渠道的最小经营单元就是最小根据地

自 1980 年以来，站在厂家立场观察，渠道的最小经营单元（最小渠道单元）经历以下几轮变迁：1998 年之前，"省代"（省级批发商）为"一级批发商"的最小渠道单元；1998—2000 年，"市代"（市级批发商）为"一级批发商"的最小渠道单元；2000—2002 年，"县代"（县级经销商）为"一级批发商"的最小渠道单元；2003 年之后，进入深度分销时代，零售店成为最小渠道单元；2012 年之后，电商大规模兴起，C 端成为电商的最小渠道单元。

从最小渠道单元的角度看，2003 年之前是在 B（经销商、分销商）端变化，2003 年后变为 b（零售店）端，2012 年后变为 C（顾客、用户）端。B→b→C，这就是渠道变化的规律。最小渠道单元既是厂家（品牌商）营销工作的前线，也是一线人员展开工作的对象。渠道工作是否有效就看工作是否推进到当时的最小渠道单元，一线人员是否围绕最小渠道单元开展工作。营销转型也是从渠道的一个最小经营单元变为另一个最小经营单元，以及由最小经营单元的变化而带来相关工作的变化。

最小渠道单元的价值体现在以下四方面。

1. 最小渠道单元是工作抓手

"抓手"是指人手可以把持（抓握）的部位。没有抓手就没有着力点，工作难以展开。企业确定了最小渠道单元，就找到了操作的抓手。如果找不到操作的抓手，可能是因为选择的最小渠道单元有误。最小渠道单元并非越小越好，而是应该与当时的社会大环境相匹配。比如，最小渠道单元从 B 变为 b，再变为 C，这是与我国营销的总体发展进程相匹配的。

F2B2b2C（厂家—经销商—零售商—用户）数字化是在深度分销基础上的数字化。深度分销已经"抓"到 b 端了，难道要像电商一样直接"抓"住 C 端？渠道数字化的关键是"bC 一体化"，就是既要"抓"b 端，又要"抓"C 端，还要建立 bC 技术关联，形成 bC 技术绑定。这些是 F2B2b2C 落地要开展的工作，这项工作的抓手就是单店社区。

2. 最小渠道单元是小闭环

如果深度分销只是铺货，就没有形成闭环，而"分销 + 动销"构成了深度分销的闭环体系。分销做 b 端工作，再把 b 端工作效果转化为 C 端工作；C 端工作有效，反过来会强化 b 端工作。这就是小闭环。形成闭环是为了进入正循环，实现良性运营，而不是让深度分销变成政策、费用的"无底洞"。小闭环是链条比较短的闭环系统，复杂度低，便于操作。

在早期的深度分销中，铺货即动销。后期动销困难，就有了终端导购、终端拦截，这是面向 C 端的工作。后来有些深度分销推行得较好的企业通过三轮以上的动销激活终端，这是把已经失去闭环的分销体系再链接成闭环。把单店社区作为渠道数字化的最小经营单元本身就是 bC 闭环设计，这样 b 端可以激活 C 端，C 端也可以激活 b 端，更容易形成闭环。

3. 最小渠道单元可以试错但不犯大错

在新模式的探索过程中，试错是必经阶段。试错过程可能就是犯错过程。试错的单元越大，犯的错可能就越严重，甚至可能成为企业"不可承受之重"。因此，试错时要控制边界。任何试错过程都要投入资源，试错单元越大，进入正循环的资源投入越多，循环周期越长。比如以一个省为运营单元，投入的时间和资源就非常多。如果以最小渠道单元为试错单元，就可以用较少的资源在尽可能短的时间内考察试点方法的效果。如果效果不佳，企业可以尽快调整方法。

4. 最小渠道单元可复制

最小渠道单元是一个独立的系统，可以复制，多个最小渠道单元连成片，就会成为大单元。或者说，任何大单元系统都可分解为最小渠道单元系统。试错、试对、模式化复制，这是新模式探索的必经过程。在最小渠道单元形成的模式可以扩大到全局。

对于中小企业来说，短期无力扩展渠道至更大的市场，最小渠道单元就可以成为"最小根据地"，企业的发展可以是最小根据地的滚动扩展。中小企业先建立最小根据地，再滚动复制，连片形成战略根据地。这是稳健的扩展路径。

单店社区，最佳操作抓手

把单店社区作为渠道数字化的最小渠道单元，是由渠道数字化的"bC 一体化"原则决定的。单店社区同时包括 b 端和 C 端，这是双私域的核心：在F 端的技术平台上，实现触达、连接 C 端。触达、连接 C 端的过程本身就是bC 技术绑定，完成"bC 一体化"的过程。所以，F2B2b2C 的最小渠道单元和操作抓手就是单店社区。

如果单店社区不好理解，大家可以参照社区团购模式。社区团购的 b 端是"团长"，C 端在社区。因此，社区团购的最小渠道单元也是单店社区。在单店社区中，b 端的价值在于它是线下渠道与 C 端的连接，在触达、连接、激活 C 端的过程中，都需要 b 端配合。渠道数字化的过程就是 b 端关系变现，从深度关系变成深度连接的过程。

单店社区不是单个 C 端，而是社区包含的一群 C 端，是一个小区域的 C 端。"单店"指的是零售店；"社区"指的是围绕零售店形成的有关联的一群用户。单店社区的"bC 一体化"做好了，最小渠道单元就启动了。最小渠道单元实现了正循环，就可以滚动发展，连片形成更大的运营单元，并且单元之间可以相互渗透、相互强化。

当企业确定单店社区为最小渠道单元时，基层运营人员也相应确定了，即原来负责传统深度分销和导购的人员。原来的深度分销工作是"2B"，现在的数字化工作形式是"bC 一体化"。只需要在原来深度分销基础上附加几个动作，企业就完成了数字化工作。一线人员的数字化工作包括两项：一是触达、连接、激活用户，这项工作不是一次性完成的，要持续很多轮；二是日常的"bC 一体化"运营。

深度分销人员是在一线负责触达、连接和激活用户的主要人员。为什么要选择原来的深度分销人员作为基层运营人员呢？因为深度分销人员与零售店（店长、店员）有客情关系。同时也了解零售店与社区用户的客情状态。导购是企业实施数字化转型的重要人员。过去交易结束后，导购工作即结束；现在交易结束后，连接用户的工作才开始。

深度分销人员开展数字化一线工作前，先要与零售店共同解决下列几个问题。第一，确定合适的零售店。特别是在早期试点阶段，零售店的意愿非常重要。第二，使零售店在系统中注册，这是技术性工作。第三，实现零售店线上商城 SKU 上架（技术性工作），以及确定零售店无 SKU 商品的利润分配方案。第四，确定触达、连接用户的方式。KA 店（关键客户门店）采用 bC 双码比较合适，小店采用 bC 小程序比较合适。

模式化复制：轰动策略和滚动策略

单店社区是渠道数字化的最小运营单元。数字化的目标是全面整合传统渠道，完成百万终端、千万触点、亿级用户。那么，怎么从单店社区起步，完成获取上亿用户的目标呢？方法就是采用单店社区滚动复制模式。试错、试对成功后怎么进行模式化复制？有两大策略：一是轰动策略，二是滚动策略。当然也可以先"滚动"，后"轰动"。

轰动策略就是全面展开，不分先后，全局推广。其好处是速度快、影响大，渠道资源有可能短期内快速向厂家集中。但过早实施轰动策略需要比较多的资源投入，而且不成熟模式的全面推广可能遇到很大困难。滚动策略就是最小经营单元进入正循环后再启动周边最小单元，从而形成连片市场，并循环滚动。数字化的滚动策略，根据 KA 店和小店，分为 KA 店的单店滚动和小店的社区滚动。

企业应该先做好一个 KA 店，引起其他 KA 店的兴趣，再做第二个、第三个 KA 店。一个 KA 店可以覆盖多个社区，这是非常高效的。当 KA 店达到一定密度以后，一个城市的运营就启动了。小店虽然也是最小运营单元，但 C 端有社区性，而一个社区往往有多个小店。因此，单个小店成功以后，要马上将数字化推广到社区的其他零售店，把社区做透。

社区做透所起到的作用是构筑"护城河"，借助社区滚动同样可以在短期内覆盖一座城市。企业高层眼里的模式复制规划可能是覆盖更大的区域，比如以城市为单元、以省为单元，但在一线操作者眼里，这其实就是数字化最小渠道单元的滚动复制。

3.2 "bC 一体化"触达

选定单店社区为渠道数字化最小运营单元以后，下一项工作就是触达用户、连接用户。触达是意向动作，连接是目标。连接用户就是与用户建立技术连接。如果建立技术连接的平台是小程序，连接工作就是让用户使用小程序。

触达、连接用户的四个关键步骤

触达、连接用户，大致分为以下四步（见图 3-2）。

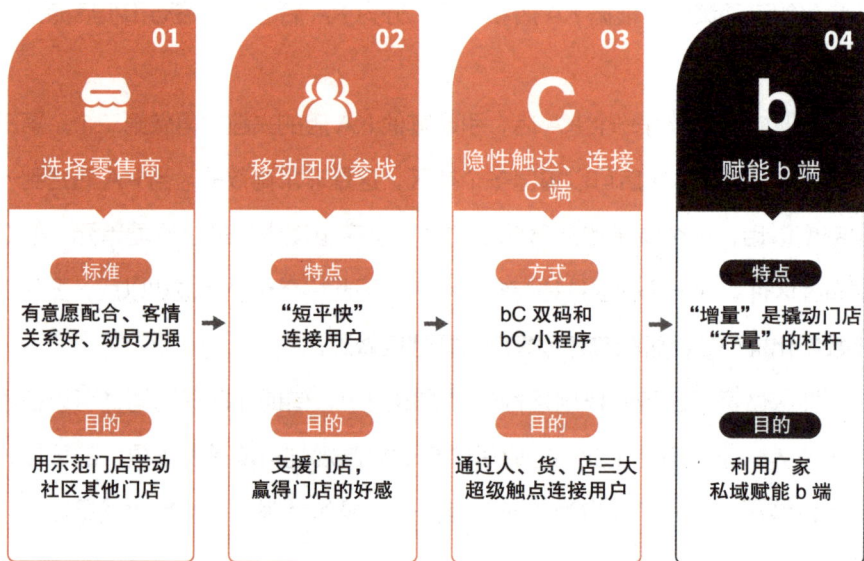

01 选择零售商	02 移动团队参战	03 隐性触达、连接 C 端	04 赋能 b 端
标准 有意愿配合、客情关系好、动员力强	**特点** "短平快"连接用户	**方式** bC 双码和 bC 小程序	**特点** "增量"是撬动门店"存量"的杠杆
目的 用示范门店带动社区其他门店	**目的** 支援门店，赢得门店的好感	**目的** 通过人、货、店三大超级触点连接用户	**目的** 利用厂家私域赋能 b 端

图 3-2 "bC 一体化"触达、连接四步法

1. 第一步：选择有意愿、有动员力的零售商

有意愿是指零售商（零售店）对渠道数字化有足够的认知，愿意配合工

作。初期零售商的意愿是认知与利益共同作用的结果，后期零售商的意愿受示范零售商的影响。所以初期零售商的选择特别重要，企业应当尽可能做到"首战必胜"。判断零售商的数字化能力强弱的标准主要是社区客情关系好坏与动员力强弱。在连接 C 端初期，重点要将零售商的强关系变现为深度连接。零售商与社区用户的强关系包括线下关系、社群关系。

在数字化初期，并非所有零售商都愿意配合，更非所有零售商都有能力做数字化，只要有少部分零售商愿意配合即可。少数人可以用道理说服，多数人只能用事实征服。KA 店的动员手段比较多，影响力也比较大。一个 KA 店可以影响多个社区，更容易影响其他零售店。小店受到的影响主要来自同社区的其他小店，因为社区小店的用户有交叉，只要一个小店运营效果好，就可能引起同社区小店之间销量的"此消彼长"，从而带动社区的其他小店后续参与数字化转型，甚至争相参与数字化转型。

2. 第二步：厂家和经销商的移动团队参战

深度分销团队在从事深度分销工作时，可能能顺利地从事连接用户的工作，也可能本职工作与深度分销工作这两方面工作都难做好。连接用户是个"短平快"的工作，不能分心，因此人员布局要加码，比如增加移动团队的加持。一线数字化转型工作往往并不难，但经常会造成灾难性后果，就是因为每个人对数字化转型都很陌生，而且培训无效。比较好的解决办法是让一线人员跟着有经验的人多做一两遍，移动团队加持就是这种办法。

移动团队是有经验的团队，起到带队转型的作用，是一股支援力量。移动团队在短期内力量的增强也会反映在销量上，有助于赢得零售店的好感。移动团队还是一支打"运动战"的队伍，"运动战"强调以空间换时间，集中优势兵力逐个击破，可以一年转战多个市场，效率更高。

3. 第三步：b端隐性触达、连接C端

触达、连接C端的方式主要有bC双码和bC小程序。bC双码以产品为触点，bC小程序以人和场景为触点。如果把触达、连接用户当作一项专项工作，可能会引起用户的反感，效果适得其反。如果以利益为诱导用bC小程序连接用户，用户可能在获得利益后删除小程序。因此企业不应把触达和连接C端视为一项独立的活动，而要与传统终端推广活动绑定，再增加一两个动作即可连接用户。比如用bC双码连接用户。现在用户购买后的扫码率很低，而且代价很大。KA店"活动天天有，周周变"，如果把促销活动与扫码结合起来，配合零售店人员（如导购）的现场动员，把活动方案融入现场促销，促销活动就变成了连接动作。

在促销活动中附加一两个动作即可连接用户。如果促销活动本身效果不错，就更会增强b端的重要性。连接C端的另一种方式是KA店直播。在试点中，厂家发起KA店直播，除了利用零售店本身的流量以外，还可以采用其他附加引流方式。KA店是比较适合直播方式的，而且直播本身就能实现与用户自然连接，还是基于场景的连接。

以人为触点的连接方式对KA店的导购以及对小店的店主、店员特别有效。比如社区团购本身就是一种bC小程序连接方式。除了平台发起的社区团购，厂家（品牌商）照样可以发起团购，这对新品推广、节假日礼品销售都非常有效。由于小店通常促销活动比较少，因此只要开展促销就会非常有效。并且小店店主与社区用户的关系比大店店主与社区用户的关系更好，社群用户的互动也更频繁，小店与社区用户之间的信任度更高。上述触达、连接用户的方式分别以人（如店主、导购）、货（产品）、店（场景）为触点，人、货、店是三大超级触点。

4. 第四步：厂家私域赋能b端

连接用户不能只是b端的独角戏，否则厂家（品牌商）和经销商就没有

了与零售商博弈的筹码，零售商就会居于优势地位，营销推广就比较困难。厂家有一部分私域流量（F2C），尤其对有一定品牌影响力的厂家来说，这更是一种潜在的优势。厂家通过 LBS 技术把 F2C 流量引导至特定零售端。在操作过程中，F2C 流量有杠杆价值，被引导到特定零售店以后就会形成增量。"增量"是撬动零售店"存量"的杠杆。

另一个有杠杆效应的流量是品牌商导入的区域 IP 流量，比如本地"网红"的流量，短期内本地"网红"的参与会有流量加持效果。单店社区的前期运营方式主要是零售店关系的变现，从而激活 C 端；后期主要是 C 端流量形成增量，从而激活零售店。

有人说，b 端和 C 端相互激活，是不是空手套白狼？相互激活的关键是"增量流量"。增量流量从哪里来？增量流量有四大来源：一是厂家的 F2C 流量；二是社交平台的流量，比如腾讯系平台的流量（可以短期购买）；三是本地"网红"的流量，也可以购买；四是厂家进行线下和社群动员，社区用户交叉所带来的流量。没有增量流量，b 端和 C 端就难以相互激活。

让数字化效果倍增的隐性连接

我们应当把数字化当作一项独立的工作，还是工作的结果？最好的数字化是在用户不知不觉的情况下实现的，而且用户是享受数字化利益的。我们应当把数字化工作隐藏在日常的工作当中，比如零售店的日常推广活动、日常导购活动，把数字化工作设置成日常活动的某个环节，甚至是减轻用户负担的某个环节。比如西贝莜面村从 2016 年 8 月开始，通过秒付、客访系统、在线点餐、外卖接单平台、天罗地网系统实现了用户端的数字化，连接了 1 000 多万名用户。

借助用户体验实现用户连接是非常有效的方法。西贝莜面村开展的亲子体验活动就是一例，该活动不仅深化了商家与用户之间的关系，建立了商家与用户的数字化连接，而且发展了 12 万名付费会员。江西李渡酒厂更是以提供沉浸式体验作为连接用户的手段，每个经销商都开设"知味轩"体验馆，用户在体验的过程中产生了对产品的认知、认同，经销商顺便建立与用户的连接。

3.3　高频激活用户与用户密度

如果商家已经与用户形成技术连接，但用户还不够活跃，就需要对用户进行激活，以与其产生深度连接。

用户触达→用户连接→用户激活→用户留存（或再激活）→用户黏性→用户转化，这是数字化用户运营的全套流程（见图 3-3），任何一个环节都不可少，否则将前功尽弃。

图 3-3　数字化用户运营流程

连接用户有特定的场景要求，用户有被动性，连接场景消失，用户可能就把商家遗忘了，这是再正常不过的现象。激活就是使用户的登录、浏览、互动、点赞、下单等行为成为主动行为，甚至是习惯行为。习惯行为最初可能是在外力作用下产生的，所以虽然有些用户会自动激活，但是多数用户的激活需要借助外部的力量。

用户没激活，就"沉底"

与用户激活截然相反的一个词是用户"沉底"。

目前，连接用户有两大技术手段，一是 App，二是小程序。单一品牌运营 App 很困难，所以大部分企业主要依靠小程序连接用户。

有人曾经提出一个很尖锐的问题：如果所有企业都做小程序，那么会出现什么状况？这个问题不是臆想，已经是现实。现实就是在微信首页的下滑界面中，只显示 8 个最近使用的小程序，其他的小程序都"沉底"了。如果用户没有被激活，那么可能"连接即沉底"。这种现象还少吗？因为小程序太多，抢占"首页"是很困难的事，抢占不了"首页"就需要用户搜索或者在众多小程序中寻找。

"沉底"的用户想不起、看不见小程序，这相当于技术上虽有连接，但实际上连接无效。激活是与连接同等重要的操作程序，只有已经激活的用户才是真正的用户。用户激活不是一次性的工作，有些品类的用户需要持续地进行激活。

1. 用户激活的两个关键点

什么是用户激活？用户在一定时间窗口内完成关键行为，即为用户激活。判断用户是否激活有两个关键点。

（1）时间窗口。用户连接后在特定的时间内是否有激活行为，激活的时间窗口可以由系统界定，不同品类、行业设定的时间窗口可以有较大差别，比如三日内、一周内、半个月内、一个月内等。

（2）用户关键行为。哪些是激活的关键行为？一般来说，包括三类行为：再次登录，即连接后再次登录；交易行为，即下单；交互行为，即在平台上互动、点赞、留言等。上述关键行为可以综合判断。比如，下单、平台交互是强用户行为，有该行为的用户可以视为已经激活。再比如，虽然没有下单或平台交互行为，但只要用户登录次数超过设定次数，仍可视为用户已经激活。对用户激活方法有效性的判断标准就是，其有助于用户形成习惯，让用户想得起、找得到平台。毕竟用户行为是受习惯支配的。

2. 用户再激活

针对 App 用户存在用户留存的问题，F2B2b2C 模式的技术工具主要是小程序，不存在留存问题，只存在再激活的问题。用户再激活的标志有两个：一是时间窗口，二是用户关键行为。只不过再激活的时间窗口与激活的时间窗口可能不一致，用户关键行为也不同。只要用户在时间窗口内在平台上没有登录过，即可视为需要再激活。在线再激活的难度较大，因此线下和社群激活是主要方法。

3. 谁来激活用户

F2C（B2C）只有一个经营主体——厂家（品牌商），激活手段只有在线激活。F2B2b2C 有三个经营主体，也有三个激活主体——F2C（厂家—用户）、B2C（经销商—用户）和 b2C（零售商—用户），他们都可以采取激活行为。F2C 和 B2C 的激活手段只有在线激活。当然，厂家和经销商在激活权限上怎么划分，需要内部确认。b2C 的激活方式以线下、社群激活为主，这两种方式是主要的激活手段。与线下、社群激活方式相比，在线激活相对被动，线下和社群激活则更积极主动，更为有效。

用户激活工具

F2C（B2C）模式的激活和再激活工具有限，只有在线激活。F2B2b2C

模式的激活措施非常多，可以线上线下融合，大致包括在线激活、线下（现场）激活、社群激活、KOC 激活、用户相互激活、体验激活等。

1. 在线激活

对于在线激活用户，私域流量（F2C）体系已经有了完善的 MarTech 工具，主要包括推送优惠券与推送提醒。在线激活方式是试探性的诱导行为，试探措施根据用户画像确定，或通过用户画像修正。具体方式是把用户状态与激活措施编成特定的程序，再通过营销自动化完成推送。在线激活有营销自动化"千人千面"的优势，但最大的问题仍然是"用户不找你，你找不到用户"。只要用户不登录，做再多的在线激活操作也无用。

2. 线下（现场）激活

在线"千人千面"，不敌现场"一对一"。F2B2b2C 模式是线上线下融合模式，在零售现场通过推广活动，通过店主（店员）和导购一对一地现场介绍，可以完成用户激活和再激活工作。线下最好的激活结果就是用户下单，以及在下单后多次登录。

现场推广活动是通过"货"与"店"来激活用户的，"一对一"是通过"人"激活用户的。在正常的线下推广活动中加入数字化技术，不仅可以实现批量激活，而且可以形成示范效果。集中连接、激活用户往往比单个连接、激活用户更容易。

3. 社群激活

社群激活与社群连接用户的方式相似，即通过强化用户登录后的交易、交互行为来强化用户习惯。

在社群成为商业的基本工具后，"价值群"凝聚了分众、小众用户，是用户裂变的阵地。私域流量体系很重视价值群，社区、社群则是大众用户的集中地，单店社区渐渐成为社区、社群的社交主阵地。小店店主的大众用户群、KA店店员（导购）的品类用户群对社区用户都有较大的影响力，社区用户之间可以通过社群相互激活。社群除了有连接用户的功能以外，还有在线激活的推广作用。把用户激活与活动推广结合，本身就是很好的激活方式。

4. KOC 激活

只要用户在线，就会出现KOC。KOC一般是黏性最强的用户。KOC的价值体现为线下（现场）、社群和线上（网络）的无缝转换。KOC是用户，但他的价值又类似b端，可以被视为"隐性b端"。在线下，KOC在社区与其他用户之间有强关系。在社群，KOC与社区用户存在强互动。

KOC的商业影响力就是，可以将线下强关系与社群强互动转化（变现）为线上影响力，比如激活用户。怎么发现KOC？首先，KOC是用户；其次，KOC至少具有下列四个特点之二。KOC的详细内容参见《新营销2.0:从深度分销到立体连接》第三章。

KOC的特点：

（1）爱尝鲜；

（2）喜互动（KOC的核心能力）；

（3）有影响力；

（4）有专业说服力。

5. 用户相互激活

F2B2b2C模式特别强调用户密度。用户达到一定的密度以后就会在线下、社群相互渗透，从而起到相互激活的作用。用户相互激活也可以设计成模式，比如团购就是用户相互激活的一种模式。

6. 体验激活

现在很多企业都意识到了体验的重要性。有些企业尝试改变零售店的场景，把零售场景变为体验场景。这虽然有比较大的难度，但有些零售企业已经在努力了。比如，许昌胖东来已经要求局部区域销售员只能做推荐体验动作，不能做推销动作。现在有不少企业开始自建终端体验店，其不以销售为直接目的，而是把商圈用户的体验放在首位。

无论是工业时代的大众传播，还是互联网时代的网络传播，都是通过不断重复来强化认知。若体验的认知强度高，则通过一个体验动作就可以把触达、连接、激活、转化，甚至裂变全部完成。

现场体验的劣势是效率低，用户积累的速度比较慢。因此现场体验一般不是普通用户的体验，而是 KOL、KOC 的体验。在体验过程中，商家可以把现场、社群和网络传播结合。KOL、KOC 本身就有社群和网络影响力，通过体验活动可以实现用户裂变、用户激活。所以现场体验激活不失为好办法。

江西李渡酒厂首创的沉浸式体验营销，在早期主要通过线下体验、社群传播的方式来提升品牌认知度。李渡酒厂在 2019 年下半年引入了数字化小程序，其在新冠肺炎疫情期间迅速发挥了作用。其多数经销商都有"知味轩"体验店，通过体验形成了强认知、强裂变，经销商再配合小程序给 b 端和 KOC、KOL 提供"云店"（线上店），实现了客户连接即激活，激活即转化。

确保用户黏性的三大要素

无论是私域流量模式（F2C）还是渠道数字化模式（F2B2b2C），都曾经受到质疑：单一品牌的用户黏性差，远不如电商平台。

怎么确保单一品类厂家（品牌商）的用户黏性？没有用户黏性，用户终将"沉底"。只要用户"沉底"，就要再激活。要改变反复激活用户的情况，就要在激活后让用户形成黏性。用户黏性就是用户粘连度。平台的用户黏性源于平台全品类、近乎无限的 SKU。尽管如此，平台的集中倾向仍极为明显，小平台的生存仍极为困难。单一品牌，即使像可口可乐一样做到除酒精饮料以外的饮品全品类覆盖，并且饮料本身就是高频消费产品，仍然存在黏性不足的问题。

对于用户来说，购买单一品牌的频率不高，这是事实。这就带来一个问题：确保用户黏性的关键因素是什么？上述思维就是把交易频率当成影响用户黏性的关键因素，认为单一品牌的交易频率不够，所以用户黏性不够。用户关键行为按重要性由低到高排序为：登录浏览、互动、购买。我们应当把这三种行为都视为影响用户黏性的关键因素。

现在规模最大的用户平台有四类，其用户黏性也是最强的。

（1）综合购物平台。如淘宝、拼多多、美团等，因为品类多、品牌多、SKU 多，所以用户黏性强。

（2）社交平台。如微信，社交是高频需求，所以用户有黏性。

（3）内容平台。如今日头条，内容也是高频需求。

（4）在线操控平台。如小米的米家 App，人们在使用小米电器时，通常会使用米家 App。

品牌商的数字化平台不能只是具有单一购物功能的平台，应该是能够满足用户多元需求，能够使用户形成黏性的综合平台。要打造这样的平台，需要做到以下几点。第一，丰富产品品类。除了自有产品，品牌商可以增加非竞争品类产品。SKU 增加，交易频率就会相应增加，用户黏性就会增强。第二，强化平台社交属性。社交是高频需求，是强互动，容易使用户形成黏性。购买同类产品、相同品牌的用户有很多共性，因此可以形成两类社交：一是社区用户的社交，二是有相同价值观的用户的社交。第三，强化品牌内容属性。品牌不仅是一种消费方式，而且是一种生活方式。用户下单购物不一定高频（比如购买耐用电器），但生活习惯是高频的。比如小米的米家 App 就是因为用户的生活习惯而被高频使用的典型代表。

交易高频、社交高频、内容高频是使用户产生黏性的关键。交易高频难度最大，短期内很难提高用户的交易频率。基于品类属性的社交高频和内容高频一旦形成，用户黏性就会特别强。因此，好的用户数字化平台一定是基于用户生活习惯的平台，而不仅是基于交易的平台。

3.4　单店用户密度

物理学的密度是对单位体积物体的质量的度量。在数字化过程中，密度被赋予了新的含义。2014年，在B2B（经销商—经销商）的快速发展过程中有一场争论：到底是全国性的B2B有优势，还是区域性的B2B有优势？

在争论过程中，用户密度的概念被提出。平台电商是没有密度概念的，即使有，也是线下交付的密度，而不是交易密度。B2B与线下相关，其交付（仓配）过程就涉及用户密度。一定区域的用户密度越大，交付（仓配）的设施越靠近用户，交付周期越短，成本越低。

先做密度，后做规模

由B2B引申出来的密度问题的实质是：线上线下融合，到底是总量（体量、规模）的竞争，还是用户密度的竞争？对于没有密度的总量，总量越大，交付成本就越高，损失越大。没有密度意味着平台在每个局部区域都没有竞争力。同时，没有总量的密度，也意味着无法形成供应链规模和影响力。因此，总量与密度同等重要。当B2B日渐式微时，全国性的平台多半消失或转型了。有的平台布局全国，但区域密度不够。很多区域性平台虽没有消失或转型，但其用户总量不够，供应链博弈能力不足。当然，B2B模式本身的问题也是一方面原因。

同样是线上线下融合的社区团购再次显示了密度的重要性。在经历第一轮洗牌以后，社区团购生存下来的有两类平台：一是有密度的区域性平台；二是既有全国规模，也有区域密度的平台。可以发现，有些平台撤出了没有密度的区域，聚焦有密度优势的区域。

线上线下融合，最后的胜利者是既有规模也有密度的企业。从全国看要有规模，从区域看要有密度。那么，平台到底应该是先做密度，还是先做规模呢？先做规模（大面积布局）再做密度的前提是，平台能够承受形成密度之前的亏损。电商平台的思维是做大规模，这种思维往往没有密度的概念（其实早期的地推也是有密度的）。因为有资本的加持，往往越敢先承担亏损的企业，越被资本方看好。

传统企业的数字化不能和平台的路径一样。传统企业应当先找到做密度的办法和示范区，然后迅速扩大滚动发展的范围，并将其迅速推向全国。这种办法的思路是"先做密度，后做规模"。只要形成了示范效应，渠道资源将迅速向有密度的品牌商倾斜，这等于用渠道资源做密度，是一个两全其美的办法。特别是对于快消品行业龙头企业来说，其全国渠道资源很充沛，只要有可以复制的做密度的模式，实现全国性快速复制并不需要运用多少品牌商的资源。

有一个脑筋急转弯：在野外生存中，你面前有一大锅水，但找不到足够的柴火，此时怎么办？

有两种思路：

（1）尽力找到更多的柴火，把一大锅水烧开；

（2）倒掉部分水，直到柴火足够将水烧开为止。

无论哪种思路，都围绕一个目标：把水烧开。

当谈到用户密度时，其实隐含着一个密度边界的问题，比如全国性密度、大区域密度、小区域密度。所谓密度，是就相对封闭的环境来说的，也可以理解为密度是有边界的。现代居民的工作半径与生活半径差距较大，特别是在一线城市。从工作半径讲，有人上班就要花2小时，工作地与居住地相距很远。从生活半径讲，日常生活中的各项行为，包括购买行为，一般遵循就近原则，除非有些品类的零售店实行窄渠道策略，如高端汽车、品牌服装等。

F2B2b2C 渠道的最小运营单元是单店社区。"单店"指 b 端最小单元，"社区"指 C 端最小单元，社区用户密度就是最小用户单元的密度。一个社区可以有多个小店，一个 KA 店可以覆盖多个社区。"单店"与"社区"并非一一对应。因此，连接用户、激活用户要从单店社区入手，形成密度只能从社区入手。做了 KA 店，还要做小店。因此，也要重视多店成片。当然，多店成片，抓手仍然是单店社区。单店社区是渠道数字化的最小运营单元，不能丢弃。

密度阈值——华为 16% 的"生死线"

2021 年华为在推广鸿蒙操作系统时，其 CEO 定下了 16% 市场占有率的"生死线"。在商业领域，16% 是一个很重要的关于密度的阈值。阈值又叫临界值，是指一个效应能够产生的最低值或最高值。理解阈值有两个关键：一是产生效应，比如从量变到质变；二是最高值或最低值。在标准大气压下，水烧到 100℃ 就是开水。100℃ 就是最低值，水成为开水就是产生效应。

谈用户密度，同样要抓住这两个关键：一是密度能够产生什么效应；二是密度的最低值或最高值是多少。密度达到一定的阈值时，个体与个体之间相互影响，从而产生效应。华为 16% 市场占有率的"生死线"就是营销学领域一个非常重要的阈值。比如新品推广，16% 的普及率就是不可改变的阈值。

个体会影响群体，但如果个体数量太少，对群体的影响力就会非常小。当有某种特定观点和行为的群体数量达到一定的阈值时，其观点和行为对群体的影响才会快速扩大。有很多理论描述这一现象。比如杰弗里·摩尔（Geoffrey Moore）在《跨越鸿沟》一书中就提出，新技术或新产品要被接受，要跨越一道鸿沟，当很多接受新技术或新产品的人跨越鸿沟后，新技术或新产品的普及就会加速。飞机起飞曲线也是描述这一现象的理论。起飞过程受到跑道长度的限制，飞机发动机必须在较短的距离和时间内将飞机的向前速度提高到指定值，因此必须开足马力加速工作，这个过程的油耗量不是很大而是极大。对于平飞过程，有空气动力抵抗重力，这时发动机不再需要全力运作，一般只需要 50% 左右的动力输出即可。而且飞行高度越高，空气密度越小，飞行阻力也就越小，这样油耗量就比起飞时要小得多。营销的初期阶段是个体接受的过程，一个一个说服个体，速度很慢。当接受的个体达到一定的数量时，就演变成群体接受。

数字化的密度阈值到底是多少？目前没有结论。在初期阶段，把用户密度的阈值定高一点，很有好处。特别是以单店社区为渠道数字化最小运营单元时，边界并不大，投入资源不多。在数字化试错、试对、模式化复制的三阶段讨论中，有人提出过一个想法：试错的目标之一就是确定费率上限和最短正循环周期。费率上限与用户密度当然有关，用户密度越大，费率上限就会越高。最短正循环周期也是群体效应形成的周期。

用户连接：有节奏的三轮激活

在数字化早期，用户以个体形式存在，用户积累是做加法。当用户达到一定规模以后，不仅用户之间会相互影响，而且用户与零售店之间也会相互影响，甚至影响范围可以超出社区，影响社区周边的用户和零售店。此时，用户积累就不再只是做加法。

初期的用户连接以零售端的推动为主；在达到一定用户密度以后，用户之间的相互影响可能成为主流。在深度分销初期，新品牌铺货很难，可能 10 家店里没有 1 家店接受。当铺货率达到 1/3 时，有些零售店就从铺货转变为点名进货。密度的形成还有排他效应，比如对竞品的排斥。

有用户密度优势的社区会具有下列特征。

高密度→高黏性→竞品小程序"沉底"→竞品低密度。

烧水问题再思考：烧一锅开水有以下三种烧法，哪种方法好？

第一种，一直用大火猛烧。

第二种，一直用小火慢烧。

第三种，调节火力有节奏地烧。

答案是最后一种，调节火力有节奏地烧。烧开水时既要考虑水吸收热量的过程，还要考虑水散发热量的过程。小火慢烧，如果吸热与散热达到平衡，水可能永远烧不开。大火猛烧散热少，但吸热也有一个过程，大火猛烧有热量溢出的问题。在推广一件新事物（比如新技术、新产品）时，有节奏的三轮激活（见图3-4）是最好的方式。

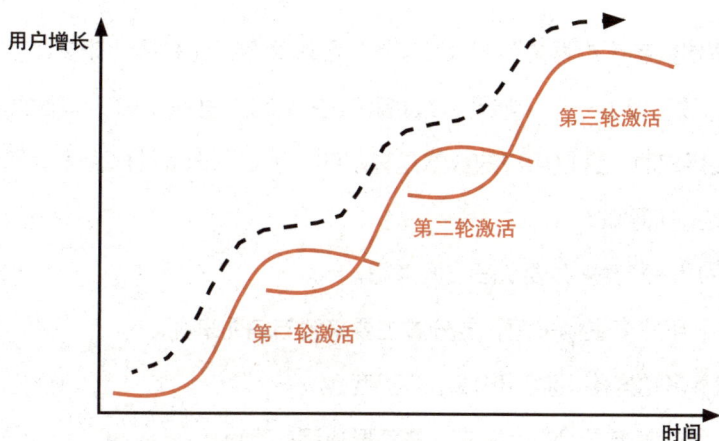

图3-4　有节奏的三轮激活

这里有两个关键因素。

（1）三个轮次。当然，根据情况也可以实施两轮、四轮激活。每轮上一个台阶，单一轮次是不够的。

（2）节奏性。推广力度要足够大，但也不要一次用完所有的资源。

资源在三轮激活过程中的配置规律是：在试错、试对过程中逐步趋向合理。节奏性与轮次的结合是很重要的。推广新事物既不是一次达到密度阈值，也不是不温不火，没有高潮。一个推广大周期分成多个小周期。小周期内有小高潮。

推广新事物时一定要清楚用户的接受过程是反复的。用户的接受过程既受个人认知的影响，也受集体认知的影响。烧开水时，吸热过程也是散热过程。用户数字化存在同样的现象。新用户激活了，老用户又"沉底"了。达到一定用户密度时，激活的用户超过"沉底"的用户，就进入正循环。当竞品也在相同社区推进数字化时，还会出现关于用户连接与用户激活的拉锯战。你激活了用户，可能竞品的用户就"沉底"了。

社区用户密度从何而来

零售端数字化是强关系变深度连接，品牌商数字化是强认知变深度连接。按照邓巴数定律，一个人与他人维持稳定关系的上限是 148 人。因此，当以 b 端连接用户时，连接用户的数量是有限的，不足以形成社区密度。那么社区用户密度从何而来？

社区用户密度来源要从三方面考虑。

（1）用户多主体来源，要分清主要来源与辅助来源。

（2）多轮连接、激活形成用户密度。

（3）零售店之间的社区交叉覆盖形成用户密度。

上述三方面可以称为社区用户密度的三大来源，一定要三力并行才能形成用户密度。

1. 用户多主体来源

对单店社区来说，在 F2B2b2C 数字化模式中，零售店是连接、激活用户的主要力量。如果缺乏这一力量，社区用户密度根本无法形成。特别在早期的试点市场中，品牌商一定要选择有能力、有客情的零售店。这是关键的一点。单个零售店形成用户密度同样有困难，因此要增加另外两股力量：一是品牌商的力量，二是公域流量的力量。

品牌商可以调用的流量主要包括品牌商形成的私域流量（F2C 流量），这是对 F2C 存量的使用。公域流量包括全国性的流量资源，如社交平台的流量；也包括区域性的流量资源，如区域"网红"的流量。现在 LBS 技术已经被广泛使用，全国性流量资源定点投放不是障碍。多流量叠加，三力并行，更能保证形成用户密度。

2. 多轮连接、激活

美国学者埃弗里特·罗杰斯（Everett Rogers）提出"创新扩散模型"，把创新事物的采用者分为革新者、早期采用者、早期追随者、晚期追随者和落后者。在创新事物扩散的早期，采用者很少，扩散速度也很慢；当采用者人数扩大到占居民的 10% ~ 25% 时，扩散速度突然加快并保持这一趋势，即所谓的"起飞期"；在接近饱和点时，扩散速度又会减缓。整个过程类似于一条 S 形的曲线，如图 3-4 所示。

用户接受新事物的规律决定了形成用户密度不能只靠一轮推广完成，需要三轮以上的推广，即使用户连接工作有效，也需要反复推广。这是认知过程的必然要求。用户认知需要强化，比如广告要不断重复。每一轮推广就是一次强化，进行第一轮推广时，可能令人感觉"比想象的难"，三轮推广过后，可能令人感觉"比想象的容易"。

3. 社区交叉覆盖

用户密度的最小单元是社区。在社区内，零售店与用户并非一一对应，而是交叉覆盖。一个用户可能到多个零售店购物，一个 KA 店可能覆盖多个社区，这样就形成了社区交叉覆盖，见图 3-5。

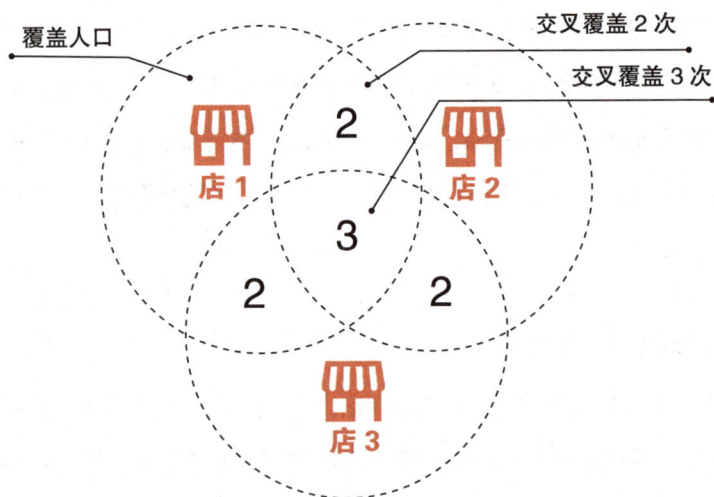

图 3-5 社区交叉覆盖

单一零售店连接、激活用户的数量是有限的，用户密度是不够的。要达到一定用户密度，就要借助多个零售店在社区形成交叉覆盖。社区交叉覆盖不仅解决了用户密度问题，而且能够交叉强化用户的认知。当一个零售店强调连接动作时，用户可能有所怀疑；当众多零售店都强调连接动作时，用户认知会发生转变。交叉覆盖就是交叉强化。

3.5 单店有感增量

渠道系统，包括经销商和零售商在内，在初期并不认为数字化可以赋能，反而认为它是麻烦。他们认为的赋能就是产生增量。如果数字化既麻烦，又没有产生增量，那么单靠意志力是很难持续下去的。

以"打胜仗"（单店社区激活）提升信心，以增量为赋能的结果，这是在数字化操作中特别要注意的细节。人们对于一件事物的认知有差异性，有人认为好产品自然有好结果，有人认为有好结果才是好方法。关于数字化对零售端的赋能，我提出一个新概念——有感增量。有感增量的关键在"有感"。KA店有数据系统、财务系统，而多数小店没有这两个系统。对于是否有增量的问题，小店往往凭直觉回答。只有增量"有感"，b端才有认同。

只有增量"有感"，b端才有认同

"有感"就是指感觉到差别比较大。越是小店，对增量的感觉越明显。有的时候，零售店虽然有增量，但对增量"无感"，或者说不把增量视为数字化的贡献。比如，做过终端推广的人经常说，没有完不成的销量任务，只有完不成销量任务的促销政策。所以，如果以传统大单品为推广品，即使有增量，人们也不一定认为是数字化的贡献，会认为传统方法也能做到。

把产生增量归因于数字化的贡献，是操作的要点。数字化推广早期的有感增量特别重要，是证明数字化有效的证据。因此，越是在数字化推广的早期，厂家越要聚合所有增量资源，进行一轮或多轮增量巨大的推广活动。只要方法得当，有时一次数字化推广的增量，就会让零售店有吃惊之感。比如，一个品牌一天的销量达到零售店一个品类半个月的销量。我也观察到一种情况，即一个新品牌因为在一个零售店产生了足够大的销量，从而在一周内迅速影响一个乡镇的所有零售店。

前面反复讲通过b端激活C端，怎么又提出用增量激活b端呢？这是两个对象不同的激活方式。第一轮激活的b端，是在数字化方面先知先觉的一批零售店。这些零售店对数字化的重要性有认知，愿意先行试验；或者说对其简单加以说服，即愿意参与试点。这部分零售店是少数。发现这些先知先觉的少数零售店，是厂家推动数字化的重要环节。

少数人可用道理说服，多数人只能用事实征服。在一个社区内，流量是相对固定的。某个零售店有了增量，其他零售店可能就存量不保。存量不保也是事实，也可以用来征服不相信道理的人。所以，用一家零售店的增量激活社区其他零售店，这是另一种激活方式。

在传统零售线下流量以每年 10% 左右的比例流失的情况下，增量显得弥足珍贵。厂家过去的推广活动，是在零售店既定的份额中瓜分存量，形成内部份额的再分配。如果厂家能够给零售店带来增量，零售店就愿意把存量也给厂家；如果厂家只是想瓜分零售店的存量，零售店就会抬高存量的使用门槛，比如设制更高的堆头费。

过去厂家与零售店是在零售店有增量的情况下合作，现在是在存量不保的情况下合作。因此，若厂家能够给零售店带来增量，零售店就愿意拿存量交换，增量就成为撬动存量的杠杆。存量在店内，增量在店外。数字化不仅连接了店外用户，而且还以线下、社群和网络三种方式与用户发生关联，具备一定引导流量的能力。所以，在某种程度上数字化运营就是创造增量系统。在双私域的数字化中，厂家增量就等于零售店增量。

数字化凭什么产生增量

传统零售店能采用的增量方式有限，因此会频繁使用促销手段。当各零售店反复使用促销手段的时候，促销不能增加销量，只能改变销量在一定时间段的再分布情况。数字化能够产生增量，原因在于它带来了新用户、新产品、新场景、更高的用户下单频率以及多元主体引流方式。

（1）新用户。在传统零售体系下，小店的用户相对固定，而且没有其他手段引流。KA 店虽然有 DM（直邮广告）单等方式，但促销传播入户很难。用户数字化后，借助 LBS 手段，可以定向给特定 b 端引流，而且是多元主体引流。

（2）新产品。如前文所述，对于新产品、低频消费产品来说，数字化相当于给 b 端提供了更多的 SKU，每个 SKU 都有可能产生增量。

厂家新产品与零售端新产品不同。厂家新产品是刚上市的产品，零售端新产品是未上架的产品。新产品和低频消费产品是非常容易实现有感增量的。

厂家通过传统渠道推新产品，特别是小店推新产品时往往没有抓手。以数字化为工具、为抓手推新产品，只要产品合适，推广速度可能远超传统方法。传统渠道推新产品的困难是渠道环节的"层层否决""人人否决"，渠道中每个人都有权利挑毛病，都有事实上的否决权。因此，经常出现产品还没有与用户见面就在渠道环节被扼杀的情况。数字化后，新产品可以采取 F2C 或 B2C 模式直接与用户见面，让用户决定产品是否合适。

另外一个实现有感增量的办法就是在线推广低频消费产品。小店一般不敢销售低频消费产品。但低频消费产品毛利高，可以采用 F2C 或 B2C 在线推广。新产品或低频消费产品在线推广之所以"有感"，是因为它们能实现绝对的、不影响线下存量的增量。

（3）**新场景**。线下销量是旧场景，线上增量是新场景。线上货架是永不关门的商店，用户可以随时下单。增量来源于对电商的分流，来源于用户因方便而产生的高频下单。在数字化初期，用户线上下单的熟练性不够，甚至有恐惧心理。所以，线上动员、社群动员，线下交易可能是更有效的方法。

F2B2b2C 数字化是线上线下融合，没有线上线下之别。无论线上增量还是线下增量都是增量，只是需要使用数字化工具。线上双货架的利润分配方式是按流量分配，这让零售店特别"有感"。在实际操作中，有些零售店在第一次收到流量费时很吃惊。

（4）**更高的用户下单频率**。当用户产生黏性后，其与平台交互的频率提高，进而更可能下单。人们在产品丰富的情况下，有时候有去卖场的需求，有时候到了卖场看到产品后有需求。数字化会形成新的场景：因为看得到产品，所以需求更强烈。

（5）**多元主体引流方式**。存量在店内，增量在店外。让已经进店的用户购买，这是存量；让未进店的用户进店，这是增量。传统动销动作基本上是存量动销动作，比如堆头＋导购＋促销的政策。动销动作局限于"最后一米"，堆头、导购、促销政策都要引流到终端才有效。数字化很重要的作用是引流，特别是从线上向线下引流。传统零售是众多厂家瓜分零售店流量，数字化后多个主体可以给零售店引流。

数字化后，下列主体可以给零售店引流，见图3-6。

图3-6　零售店引流渠道

（1）**厂家私域引流**。厂家私域通使用 LBS 技术引流，越是知名品牌，引流能力越强。

（2）**经销商私域引流**。有些经销商有自己的平台系统，有些经销商是多品类经营。经销商的私域流量不同于厂家（品牌商）的私域流量，它可以通过 LBS 技术定向引流。

（3）**零售店社群引流**。小店的店主（店员）、大店的店员（导购），多数都与用户建立了社群，社群动员是数字化的。线下强关系、社群强互动、小程序便利下单，这是对线下、社群和网络"三位一体"的职能界定，有利于发挥各自的优势。相比于网络动员，社群动员有互动性，能够相互影响，只要群主的"人设"好，其动员能力就强。

（4）**区域"网红"引流**。**这是绝对的增量引流**。在厂家眼中，"网红"已经成为公域流量。把"网红"流量引向特定零售店，可以带来较大的增量。

在实践中，也有企业采取"网红探店"的方式，效果同样很好。

（5）**公域流量引流**。腾讯、今日头条等平台的流量很大，企业可以以商业化方式把流量引向特定零售店。比如河南可口可乐就通过与腾讯合作，采取"小程序+LBS+腾讯优码"（小程序是线上网络，LBS把流量导向特定零售店，腾讯优码是一物一码）的方式，把流量引向CP（客户平台）店。

（6）**KOL和KOC引流**。KOL、KOC更多地活跃在线下和社群，特别有利于零售店引流，形成增量。

（7）**线下场景引流**。做增量不能放弃存量，否则增量无从谈起。越是做增量，存量动作越要大。存量动作结合增量动作会更有效。存量动作在线下，线下动作很消耗人力。因此做增量时，如果能让更多线下人员参与到线下用户动员中，产生的效果会更好。

第 **4** 章

数字化转型

数字化三大 2C（F2C、B2C、b2C）模式各有不同。电商 B2C 模式是相对独立于传统营销的，形成了一个小闭环。私域流量和新零售 F2C 模式比较尴尬。在私域流量 F2C 模式下，用户触点最多的部门是营销部门，包括渠道商，但独立的 F2C 模式会与传统渠道抢流量，与传统渠道是"内部对手"，传统渠道不愿意把线下流量导向线上，因为会影响线下销量。

从电商平台引流到私域面临同样的问题，因为这种模式面向的是同类用户，而这些用户要么在私域流量池，要么在平台流量池。只要利用内部资源引流，都会面临资源再分配的难题。如果私域流量是独立的，没有来源于"内部对手"的流量，则只能在公众号等内部平台共享资源。因此，私域流量一方面依赖外部资源的引流，另一方面依赖"种子用户"的裂变。数字化面临用户从何而来的问题。电商流量从平台来，私域流量缺乏体系化的用户来源，而"bC一体化"模式中，用户从传统渠道来。

主战场的主战队

对于快消品行业龙头企业来说，平台电商本来就不是主战场，渠道数字化才是主战场。在自己的主战场，企业不可能像在电商时期那样当边缘角色，甚至当看客，而要投入自己的主力军。渠道数字化有两个融合方式：线上线下融合，厂、商、店三方一体。按照这个逻辑，为实现渠道数字化，传统渠道团队别无选择，只能成为主战场的主战队。

数字化"六双"运营体系是为传统渠道团队量身定做的。双路径是指长链路触达，短链路运营。其中，F2B2b2C（厂家—经销商—零售商—用户）就是渠道团队触达 C 端的长链路渠道。短链路渠道 F2C（厂家—用户）、B2C（经销商—用户）、b2C（零售商—用户）的运营主体虽然在线上，但对于 B2C、b2C 而言，都是渠道团队先做线下沟通，然后才能线上运营。双私域是指品牌商私域 + 零售商私域。品牌商私域当然是线上运营的，零售商私域没有线下的配合，因此零售商不可能让渡私域。

双场景是指线下场景 + 线上场景。渠道数字化不是不涉及线下，线下仍然可能是主体，同时还有线上线下融合的 O2O，必须有渠道团队的参与才可以实现。双货架、双交付，这是双场景的必然结果。特别是双货架，对零售端有增量和增利的双重效果，将极大地提升渠道团队在终端的地位。双中台是指后方中台 + 前方中台。建设中台不是渠道团队的工作，营销中台可以为线下提供数据服务。

传统渠道团队转型为渠道数字化主战队的难度大不大？首先，实现渠道数字化仍然需要深度分销，只是 2C 和 2B 模式下的人员结构要做出调整，因为另组团队重新做深度分销的难度更大。其次，渠道数字化只是在深度分销的基础上附加几个动作，并且一线动作的操作难度不大。最后，渠道数字化的核心是"bC 一体化"，需要运用零售商资源把零售商的深度关系变成深度连接，这正是深度分销团队的优势。

双中台下的双主角

企业一般有两支营销队伍，一支队伍是市场部，另一支队伍是销售部。跨国公司的两支队伍职能分工明确且相对均衡，很难说谁是主角。有些企业市场部的角色可能更重要一点。市场部与销售部的职能，在总部与区域有很大区别。总部的市场部与销售部职能相对均衡；区域市场部的职能基本上是围绕销售部的。

我国本土企业的普遍特征是销售部的角色更重要。我国市场不同的区域存在差距，各个区域的发展不平衡。一般企业总部有统一政策，但各区域还要进行政策再分配。比如快消品行业龙头企业的大区多半配有市场部，实行总部 – 区域双市场部体系。

在"双中台"概念中，数据中台在总部，营销中台既有总部中台，也有区域中台。营销中台相当于有数据支撑的市场部。市场部（品牌部）的职责本来就是影响用户认知，角色转变为运营中台后，其运营的还是 C 端。

实际上市场部的角色没变，只是"武器"变了，工具变了。在数字化三大运营主体当中，F2C 运营由总部营销中台（总部市场部）负责，区域的常态化 B2C 运营由前方营销中台（区域市场部）负责，终端的 b2C 运营和 B2b2C 运营也由前方营销中台（区域市场部）负责。

哪种双栖人才更重要

渠道数字化对原来的渠道队伍提出了新的专业要求、技能要求。技能要求可以通过培训满足，专业要求比较难满足，因为其面临的不是转型问题，而是重新招聘的问题。渠道数字化转型需要两种双栖人才。一是线上线下融合的双栖人才，即既要懂传统渠道，又要懂互联网。二是 2B 和 2C 的双栖人才，即既要懂 2B，又要懂 2C。

双栖人才本来就难找，双"双栖"人才（见图 4-1）就更稀有了。大量双栖人才是培养出来的。渠道数字化要求线上线下融合，那么，要么让搞数字化的人懂线下渠道，要么让搞渠道的人懂数字化。近几年，既有做数字系统的企业为此困惑，也有做传统渠道的企业为此苦恼。

图4-1 渠道数字化双"双栖"人才

数字系统服务企业的困惑是，虽然它们懂数字化，但就是搞不懂渠道。有人问：有没有办法实现"渠道知识速成"？这很难做到。因为渠道技能不是一种知识，而是一种经历。没有经过渠道方面的长期历练，很难形成渠道技能。

目前，从渠道团队中找出一批懂数字化的人并不难。在我国的大学教育中，英语、计算机已经成为公共专业，是多数专业大学生的必修课。渠道B2B在推广过程中并没有遭遇团队专业理解上的障碍，技能上的障碍很快就能解决。

2B和2C的双栖门槛有相似之处。到底是弄懂B端容易，还是弄懂C端容易？有人说，弄懂2B靠本事（专业），弄懂2C靠本能。说到C端，多数人都能说道说道。因为每个人都是用户，有同理心就行。对于B端，不仅需要专业知识，更需要经历。搞定C端，往往是一批、一群地搞定。搞定B端，更多的是一对一地搞定。一次搞定100人、1 000人比搞定一个人更容易。

现在的深度分销已经进入B端和C端的边界。比如，导购就是B端和C端的边界。再比如，通过社群与C端沟通，已经成为很多企业触达C端的一种基本方法。线下触达C端对渠道团队来说并不难。线上运营C端更多通过用户画像，把用户标签化。虽然有专业门槛，但只要做过B2C、F2C的模式，要实现并不难。上面分析的结论是：以现有的渠道队伍为主战队，这从专业技能上看不会有很大的问题，而且现有转型问题多数不是专业问题，而是模式问题。

高层转型在认知，基层转型在习惯，关键在模式

对于转型，高层在认知，基层在习惯，关键在模式。

高层转型在认知。高层只有认知到位，才敢下决心投入，下决心调整结构，下决心调整 KPI（关键绩效指标）。比如，高层是把渠道数字化模式设计成私域流量模式（F2C），还是渠道数字化模式（F2B2b2C）？再比如，数字化"六双"运营体系是高层认知到位后的体系设计。

基层转型在习惯。知识、技能如果不能转化为习惯，就只是储备和谈资。什么是习惯？习惯就是不假思索的行为。想都没想就做了，因为习惯了。人吃饭、写字，没想过用左手还是右手，因为习惯了。个人技能最终会变成习惯性动作。培训就是要把规定动作变成习惯动作，否则规定动作只是一种在脑子里可以回忆起来的记忆，而不是行为。

优秀的企业会把规定技能变成一种集体习惯，这正是优秀企业的厉害之处。习惯一旦形成就很难改变，更何况是集体习惯。比如，渠道转型为深度分销曾经很难，因为工作对象要从 B 变成 b。仅仅实现这一点转变就很难，甚至有相当一批人因此被淘汰。

转型的第一关是认知改变，第二关就是集体习惯改变。认知问题包括两方面：一是用道理说服，即讲道理；二是用事实征服，即摆事实。道理说服之难，难在道理很多，难在遇到"万一"的质疑，即不怕一万，就怕万一。用事实征服，就要有事实；要有事实，就要试点，做样板。用事实征服时也会遇到问题，比如样板是不是有普适性。因此，若想通过大面积推广改变大众的习惯，要靠模式。

深度分销得到快速推广，与深度分销八步法的提出有关。这套模式成为当时各企业争相模仿的主流模式。渠道数字化如果还处于认知层面，离全面落地就还有一段距离；只有进入模式层面，才能进入大规模推广阶段。经过实践和观察，我提出了数字化操作五步法（见第 3 章），其是渠道数字化操作的初步模式。

案例解读：西贝的数字化

中式餐饮企业西贝 2016 年就开始数字化转型，西贝转型成功的路径虽然个性成分很多，但也有共性成分。2014 年至 2015 年西贝创始人贾国龙多次带领团队参加张兴旺公司举办的社区商务课程，他非常认可张兴旺讲的小米公司社区商务的经营理念。张兴旺一直从事媒体行业，2016 年 8 月，张兴旺带领团队为西贝做顾问。对于张兴旺团队要做的事情，贾国龙一开始就说："我认可这个方向，你们做的事情我不懂，但我全力支持，你们要多少资源公司给多少资源。"

围绕经营顾客关系的问题，张兴旺带领团队组成特别行动小组，迅速找到了工作的切入口，通过微信秒付，把大量用户连接起来，提高了零售店的收银效率，排队付款、积分易出错或积不了分等长期困扰零售店运营的问题得到了解决。

2017 年春节前，西贝已经认识到大规模在线连接顾客的重要性，通过微信连接器，已经连接了 300 多万名顾客，并与顾客展开了初步的互动。特别行动小组因此获得西贝 2016 年年度特别奖。在与西贝合作的过程中，张兴旺看到了西贝良好的基本面，理解了西贝的使命、愿景和价值观。他说："西贝的事业与我原来创业干的事情很契合，我非常认同。本质上都是在成就别人，给别人带来幸福和喜悦。"

在贾国龙的邀请下，张兴旺于 2017 年 2 月 28 日正式入职西贝，分管新成立的会员部，继续负责原来特别行动小组的工作。张兴旺自定战略，自搭班子，自带队伍，在西贝平台上开始了新的创业。他向西贝董事会汇报了自己在西贝的创业梦想："把全新的社区商务理念运用到西贝，在大幅度提升西贝的运营效率和顾客体验的同时革新西贝的商业模式，创造一个全新的未来，和西贝伙伴一起，打造全球一流的中餐公司。""你们做的事情我不懂，但我全力支持，你们要多少资源公司给多少资源。"贾国龙还是那句话。

张兴旺搭建班子，从特别行动小组到会员部，再到新餐饮中心，短短一年多时间，就组建了一支以互联网人才为核心的 140 多人的数字化团队。一年多来，他们运用互联网数字技术，实施了众多创新业务，如移动支付、客访系统、在线点餐、外卖接单平台、天罗地网系统等，连接了 1 000 多万名顾客，不仅提高了零售店的运营效率，还大规模为零售店引流。同时，他和他的团队策划的在线互动服务和线下的亲子莜面体验营、亲子私房菜、亲子集体生日会、西贝会员相亲大会等开启了一种全新的餐饮业玩法。这种大规模连接顾客并且深化西贝与顾客关系的举措，初步改变了西贝传统的经营模式。

2017 年 11 月，他们启动了西贝会员甄选商城，开始进入更高阶的社区商务，走"好市多 + 小米"的模式。会员可以在不同场景的零售店和线上享受一体化的特别服务。2018 年一季度结束，这样的方式已经初见成效，发展了约 12 万名付费会员。

张兴旺说："我们在做的过程中确实保持的是创业心态。首先，真正的创业其实是没有资源的，虽然公司给了我们足够的资源，但是我们为降低成本，租的办公室标准很低；其次，成功的创业，现实必须见利见效，并且具有未来意义。因此，我们在业务推进上非常谨慎，在确认我们创造的价值被顾客（分部和零售店）接受了，我们才招人，才快速推进业务。成功的关键一是顾客思维，让顾客参与进来；二是西贝独特的创业分部机制，其成就了我们所做的事，我们先从理解这一事业的分部推行，形成示范效应，再在一个一个的分部推行；三是西贝近三十年建立起来的良好的顾客基础。"

我们可以从西贝数字化转型的案例中归纳出以下内容。第一，高层认知非常重要。认知不是指想明白了，而是指认识到重要性。真正弄明白是在成功以后。认识到重要性，就敢下决心。第二，张兴旺在西贝的角色转变得很及时。他先是外部培训师，再是咨询师，再转为内部责任团队领导，最后成为数字化负责人，带领西贝全面完成数字化转型。他在担任培训师角色时，让西贝高层建立了认知；在担任咨询师角色时，开始将自己的理念与西贝结合；在担任内部责任团队领导时，让专业新团队与传统团队结合，开始试错、试对；在担任数字化负责人角色时，带领西贝实现全面数字化转型。张兴旺四个角色的变化，反映了数字化从高层建立认知到全面落地要经历的四个阶段。

4.2 经销商，站在数字化第一线

数字化运营双私域模式着重强调了零售商在数字化中的价值。不仅如此，渠道数字化两大体系融合——线上线下融合，厂、商、店三方一体，都涉及经销商。因此，渠道数字化体系中，经销商其实是站在第一线的。那么，在渠道数字化 F2B2b2C 模式下，应怎么看待经销商的价值呢？这不是一个简单的问题，而是涉及我国营销框架体系和驱动力的根本问题。

我国传统营销的框架体系符合科特勒的 4P 构架，而且渠道的角色特别重要。《销售与市场》杂志称"中国有 8 000 万名业务员"，科特勒的《营销管理》说美国有 1 000 万名推销员，差别是：业务员的工作对象是渠道商（B端），推销员的工作对象是顾客（C端）。

我国传统营销有两大驱动力：品牌驱动和渠道驱动。知名教育者陈春花老师 2004 年曾经在《销售与市场》杂志撰文说我国的渠道驱动优于品牌驱动。渠道数字化并不意味着传统线下组织的消失，而是线上线下融为一体。因此，经销商角色仍然存在，且不可或缺。

我国渠道演进：奇妙的渠道 6 级常数

要理解我国的渠道，必须了解我国渠道形成的三大环境。

（1）我国幅员辽阔。据中华人民共和国民政部《2020 年民政事业发展统计公报》，我国有 34 个省级行政区划单位，333 个地级行政区划单位，2 844 个县级行政区划单位，38 741 个乡级行政区划单位。

（2）我国人口众多，渠道碎片化。约 14 亿中国人，保守估计存在 600 多万个零售终端，400 多万个餐饮终端。因为部分地方人口分散，所以也存在终端分散情况。

（3）渠道商起步低。我国渠道商多由生意人起步。从生意人、管理者转变为企业家的过程中，多数人徘徊于生意人、管理者之间，没有完成向企业家形态的经销商转变，这是我国形成以县为基本经营单元格局的根本原因。

渠道的最高目标是触达用户（C 端），实在不行，就尽可能接近用户。零售终端最接近用户，因此，我国的渠道经历了两轮变革：一是市场重心下沉，即渠道扁平化；二是深度分销，即触达终端。人们都知道渠道扁平化和深度分销的好处，但很少有人分析渠道扁平化和深度分销的代价。正因为渠道扁平化有代价，所以真正能够触达终端的厂家是有限的。渠道扁平化的代价就是厂家销售队伍内部的层级化。渠道每减少一级，厂家内部的层级就增加一级。我们来看看我国渠道三轮扁平化的结果（见图 4-2）。

（1）1998 年之前。

渠道格局：销售总监→大区经理→业代→省一批→市二批→县三批→零售店。渠道结构：厂家内部 3 级，经销商渠道 3 级，共 6 级。

（2）1998—2000 年。

渠道格局：销售总监→大区经理→省区经理→业代→市一批→县二批→零售店。渠道结构：厂家内部 4 级，经销商渠道 2 级，共 6 级。

（3）2000 年之后。

北方渠道区域主格局：销售总监→大区经理→省区经理→城市经理→业代→县一批→零售店。渠道结构：厂家内部 5 级，经销商渠道 1 级，共 6 级。

南方渠道区域主格局①：销售总监→大区经理→业代→省一批→省代市公司→省代县公司→零售店。渠道结构：厂家内部 3 级，代理商内部 3 级，共

6级。

南方渠道区域主格局②：销售总监→大区经理→省区经理→业代→市一批→市代县公司→零售店。

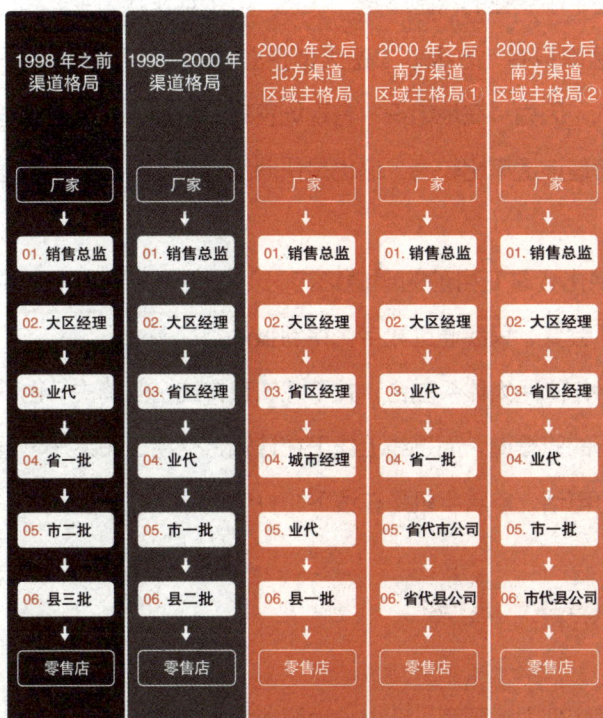

1998年之前渠道格局	1998—2000年渠道格局	2000年之后北方渠道区域主格局	2000年之后南方渠道区域主格局①	2000年之后南方渠道区域主格局②
厂家	厂家	厂家	厂家	厂家
01.销售总监	01.销售总监	01.销售总监	01.销售总监	01.销售总监
02.大区经理	02.大区经理	02.大区经理	02.大区经理	02.大区经理
03.业代	03.省区经理	03.省区经理	03.业代	03.省区经理
04.省一批	04.业代	04.城市经理	04.省一批	04.业代
05.市二批	05.市一批	05.业代	05.省代市公司	05.市一批
06.县三批	06.县二批	06.县一批	06.省代县公司	06.市代县公司
零售店	零售店	零售店	零售店	零售店

图4-2　我国1980—2020年市场渠道格局的变化

渠道扁平化，应该让厂家离终端更近、离用户更近。但是，事实并非完全如此。我们看到，渠道扁平化的过程，也是企业内部销售体系层级化的过程。如果把外部渠道称为交易层级，那么内部的管理渠道是管理层级。企业高层距离终端的层级，不仅仅是由交易层级决定的，也受管理层级影响。

管理层级＋交易层级的数量，始终维持在6。这是一个奇妙的数据。

真正的渠道扁平化应该是：交易层级可以减少，但要实现渠道高密度覆盖。交易层级每减少一级，内部管理层级就增加一级，这是管理幅度理论决定的。经典管理理论早已证明了这个道理。除非未来我国的人口结构和终端分布发生重大变化，否则短期内仍将如此。

销售组织内部层级达 4 级，对团队管理的挑战极大。我国业务员的状态有两类。一是中小企业的"跑单帮"状态，以单兵作战为主。根据本人观察，平均管理渗透率只有 1.5 级。二是大型企业的"在地组织"，一个城市形成一个大型团队。因为"在地组织"有现场管理的特点，业务员不再处于"跑单帮"状态，管理渗透率比较高。这也是快消品行业龙头企业渠道驱动力特别强的原因。

渠道数字化会改变目前的渠道结构吗？我提出 F2B2b2C 架构，就是因为渠道结构不会变，只会通过数字化得到强化。

渠道数字化的两大体系融合，并不意味着传统企业消失，也不是传统渠道与数字化并行的双渠道，而是线上线下在认知、交易、关系三个层面交互。就像拿着手机打电话，拿着手机是在线下，打电话是在线上。

新时代经销商的职能

从经销商转型为运营商，从以分销职能为主转变为以运营职能为主，这是经销商需要做出的重大改变。

1. 经销商要承担连接、激活、管理运营职能

从零售端看，双私域决定了终端的角色更重要。零售端不仅有触达、连接、激活用户的职能，还要运营用户（b2C 运营）。而且零售端不仅扮演着线下角色，还扮演社群角色、网络角色。零售端的数字化角色的强化，需要经销商参与连接、激活、管理和运营。没有经销商参与，双私域就难以实现。为了确保能承担上述角色，经销商要把重心从 2B 转向 2C，从深度分销转向用户连接、激活。因此，经销商要做人员的再分配，人员比例向 2C 倾斜。当

然，2C 工作也有助于渠道实现深度分销。

2. 经销商要成为 B2C 常态化运营的主角

在渠道数字化运营中，F2C 是非常态化运营，B2C 才是常态化运营。因此，**经销商要成为 B2C 常态化运营的主角。**

经销商成为主角，就要与厂家的区域销售部，以及厂家的区域市场部密切配合。厂家的区域市场部要转型为前方中台，与经销商共同运营 B2C。除了 B2C 运营外，经销商还要参与 B2b2C 运营和 b2C 运营。大店有独立系统，大店的 b2C 运营，经销商要参与。小店的 B2b2C，经销商同样要参与。

总体来看，经销商承担着推广、订单管理、物流管理、融资等四个职能。渠道数字化后，经销承担的上述四个职能都面临着转型，但推广职能仍然是重中之重。渠道数字化以后，线上线下推广仍然很重要。

在渠道数字化以后，因为用户运营有渠道拉动能力，所以订单相对往线上集中。即使有线下订单，也因为渠道数字化提供了数据支持，渠道"进销存"变得透明，订单管理工作相对简化了。

物流管理职能的变化很大。这与单个企业的渠道数字化无关，与渠道数字化物流配送平台的发展有关。近几年，相当多的物流配送平台发展起来了，从原来的分级配送，发展到用户直达——直达终端和用户，甚至物流不经过经销商环节。未来物流配送职能会从经销商处剥离，这个时间不会太长。

渠道数字化后，渠道融资会更方便。过去，渠道商不动产少，融资困难，特别是季节性产品的资金需求不平均。渠道数字化会产生"数字信用"，以"数字信用"融资将相对容易。要完成渠道数字化，厂家、经销商和零售店一个都不能少。

4.3　数字化怎样实现模式化复制

一个新体系从萌生想法到成熟推广，再到实现数字化，一般要经过三个环节：试错、试对和模式化复制。不经过这三个环节，也许可以偶然取得成功，但为从流程上确保新体系探索"不掉坑"，最好经过这三个环节，见图4-3。

试错，主要是验证逻辑可行，方法行得通。试对，主要确认关键动作、推进节奏、费用率上限、正循环周期，从而确认模式成立。模式化复制，主要解决大规模推广、方法迭代、人员裂变和推进速度等问题。不经过上述三个环节层层递进，就大模式推动转型，无异于赌博。因为有试错，即使真错了，损失也能控制在可接受的范围内，可以继续试；一旦完成试错、试对，找到模式，就可以大规模复制。

试错	→	试对	→	模式化复制
01. 方向感把控		01. 关键动作		01. 熟悉模式
02. 试错团队与试错市场		02. 推进节奏		02. 模式变动作
03. KPI与费用约束		03. 费用率上限		03. 动作成习惯
04. 成功的战术决定战略		04. 正循环周期		
05. 发现最佳营销实践				
06. 试错成功的标准				

图4-3　数字化的三个环节

试错：验证逻辑与方法可行

任何一个创新事物的落地，都要经过认识论、方法论和方法体系的验证。认识论可以解决思想问题、观点问题、逻辑问题。对于数字化这类影响企业未来转型的问题，认识论的作用主要体现在帮助高层下决心。方法、技巧则是基层操作团队要解决的落地动作问题。方法论的使用体现了高层与基层的结合。从方法到方法论，从方法论再到方法是一个反复的过程，在逻辑上体现为归纳与演绎。其中方法是具体动作，方法论是规律。

试错要关注以下内容：一是高层的方向感；二是试错团队与试错市场；三是 KPI 和费用约束；四是成功的战术决定战略；五是发现最佳营销实践；六是试错成功的标准。

1. 方向感问题

数字化转型目前没有行业标杆。如果有行业标杆，说明转型已经落后了。所以对于高层来说，两个问题很重要：一是转型的方向感，二是逻辑上的自圆其说。方向感不是方向，而是对方向的感觉。比如，数字化的重要性，数字化的两大模式（私域流量和"bC 一体化"）之争，哪一种是未来的方向？

目前，社会整体上推崇私域流量模式（F2C 模式），但 F2C 模式真的能够完成数字化转型的目标吗？"将军赶路，不追小兔。"F2C 模式就是那只"小兔"。"将军"赶路的目的是"打胜仗"，F2B2b2C 模式就是帮助"将军"取得"胜仗"的关键。试错不是明知有错也要试，而是先要在逻辑上能够自圆其说，然后试试相关方法在现实中能否行得通。不过当相关方法在现实中行不通，说明有可能逻辑是错的，要放弃；也有可能虽然逻辑上是正确的，但方法有问题，要换个方法继续试错。

2. 试错团队与试错市场

试错团队的选择，以及验证市场的选择，是战术上的关键问题。试错团队的负责人肩负重大使命。试错是摸着石头过河，搞不好就掉河里了。因此，企业要选择"会摸石头"的人过河。"摸着石头过河"是一个反复试探、不行就往后退的过程。这不是普通基层员工和普通管理者能做的事。

对试错负责人的要求有以下几点。

（1）对转型的思想认识足够。少数人是可以被道理说服的，多数人是需要用事实征服的。试错负责人就是那些更少的能够"自通"的人。

（2）有强烈的参与愿望，而不是被强人所难式的接受任务。

（3）有想法、有办法，特别是应变能力强。

试错无常道，最怕一根筋。找到符合试错条件的负责人比较难，一旦找到，试错就成功了一半。强人所难的转型有下列常见现象：让负责人试错，负责人会用结果证明"转型确实不对"。因为有的人根本就不想转型，这样的人并不在少数。他们会用失败证明"转型是错的"。因为试错本身是免责的，成功了要奖励，失败了无责任。

除了试错团队负责人的选择外，企业还面临团队成员选择的问题。团队一般有三种形式：传统团队；全新团队；传统团队 + 新补充团队。传统团队的每个人都有可能被固化在了深度分销的体系中，把转型作为"副业"，有精力就做，没精力就放弃。但也有个别传统体系中的人非常愿意探索新模式，且成功率很高。

"传统团队 + 新补充团队"模式的优势有三点：一是传统团队参与，可以动员渠道资源；二是新成员无固化思维，不存在转型之说，而是一步到位；三是在未来的模式化复制时，他们是传播模式到其他市场的"种子"。

试错市场的选择，首要要求是用户配合度高，选择的可以是好市场，也可以是差市场，各有利弊。用好市场试错，标杆效应会更明显。但在好市场，哪怕试错成功，也会有人质疑相关方法是否具备普遍的推广意义。用差市场试错，渠道动员能力可能差一点，但只要试错成功，对在好市场的推广就是动力。在有些差市场试错成功，企业甚至能够置之死地而后生。试错市场是否是好市场不是关键，关键是用户配合度要高，没有存量包袱。企业不能指望所有用户的配合度都高，但早期一定有一些配合度高的用户。用户不配合的原因很多，但只要有效果，大多数用户会从不配合转向配合。

3. KPI 与费用约束问题

转型市场有两套 KPI，一是传统业务 KPI，二是新业务 KPI。试错如果成功，新业务的 KPI 一般是给传统业务的 KPI 加分的。如果投入较多精力保证传统 KPI 达标，就会降低试错的投入。而且在转型初期，新业务的 KPI 可能无法达标。因此，一定要让试错团队没有 KPI 的压力，无论是传统业务 KPI，还是新业务 KPI，都没有压力。

转型需要费用，而且费用很难提前测算。这是一道难题，如果由高层把握费用，落地反应可能慢半拍，甚至慢一拍。如果由基层把握费用，又容易出现乱花钱的现象，让费用严重超标。我的观点是：细节上信任基层，但总体上由高层把握。

4. 成功的战术决定战略

在战略形成阶段，战术决定战略；在战略执行阶段，战略决定战术。这是战略与战术的辩证关系。定位论的提出者特劳特和里斯在《营销革命》一书中也曾提出"成功的战术决定战略""战略是成功战术的一致化"。上述观点特别适合处于转型阶段的企业。战略是一定要落地的，或者说，没法落地的都不能称之为战略。转型阶段的试错，看似是战术，其实是能够决定战略的战术动作。

特劳特和里斯在《营销革命》中强调，至少需要一名副总裁级人员深入一线。一是因为视角不同，战略本身是一种思考视角。二是高层有能力随时调动资源，随时加大投入或及时改变试错的方向。试错要以变应变，又要目标坚定。二者之间的平衡需要高层来把握。

5. 发现最佳营销实践

有时候，好方法是无意间发现的。在试错过程中，无论结果如何，一定会形成一些有价值的最佳营销实践。试错成功是由一系列最佳营销实践构成的。人们想形成最佳营销实践的概念，需要一定的高度、视野，以及总结、归纳能力，从方法层面上升到方法论层面。

6. 试错成功的标准

试错以验证逻辑成立为主要目标，以掌握基本方法作为进入试对阶段的标准。我主张多进行市场试错。比如，三个市场试点只有一个成功，那么，到底试点是成功的，还是失败的？试点肯定是成功的。对于试错的绩效、费用和利润问题，我主张**"不计代价，只计成功"**。事情做成了，就是成功。代价、利润问题是在试对阶段解决的。我们不能企图在一个阶段解决所有问题。

试对：确认模式成立

试错过程已经证明了某战略是对的，为什么还要试对呢？试对是模式化复制的关键一环。试错，可能只是证明模式可以成功，但是否可以大面积推广？不一定。比如，某一区域的企业用了 20 年扎根区域市场，这种模式就无法复制，因为 20 年的"历史进程"是无法复制的。

试对，就是找到一种可在短期内用相同的方法在不同区域复制的模式。试对基于试错，在这一过程中要关注以下四点：一是关键动作，二是推进节奏，三是费用率上限，四是正循环周期。

（1）关键动作。试错成功，代表过程有错，走过弯路。试对成功，代表不再走弯路，一次就做对。一次做对需要哪些关键动作？这些关键动作未来会成为模式化复制必不可少的规定动作——这是模式化复制的基本条件。在关键动作中，有一些所谓的"操作诀窍"。操作诀窍不一定高深，但一般人往往想不到。操作诀窍与技术诀窍一样是企业的无形资产。

（2）**推进节奏**。节奏是一个特别重要但不为人重视的问题。推进节奏分为两个方面：一是推进次序，即规定先做什么，后做什么；二是阶段划分，对一项重要工作进行阶段划分，就能把握每个阶段的工作重点。而不同阶段的衔接就是节奏。节奏好，就如同好听的音乐一样令人感到舒服。

（3）**费用率上限**。市场推广很忌讳"添油战术"，不花够费用，就要花时间，而时间是最宝贵的资源。所以，在大规模推广中，企业通常会采取"以资源（费用、人力）换时间"的战术，这就涉及费用率上限的问题。而费用率上限是测试出来的，如同烧开水，刚开始不知道烧多长时间为好，为了保证烧开，只好多计划烧水时间。测试次数多了，企业就能够准确编制预算了。

（4）**正循环周期**。推广成功的标准是什么？第一标准是进入正循环。什么是正循环？其标志是投入产出比逐渐接近 1：1，此时市场不再是"费用黑洞"。进入正循环的市场，只要费用充足，可能还需要加大投入。如果费用不充足，就可以减少投入或不投入。

模式化复制：模式变动作，动作成习惯

模式化复制的前提，一是有模式，二是有复制方式。模式化复制要经过三个过程：熟悉模式；模式变成动作；动作成习惯。

（1）**熟悉模式**。熟悉模式最简单的办法就是培训、背诵等。

（2）**模式变动作**。企业培训很多，但培训效果通常不尽如人意，这就是"知行合一"的问题。企业想把模式变成动作，比较好的方法是孵化模式。有的企业甚至建立了"孵化基地"。"孵化基地"的管理者是"教练"，负责把

模式变成动作，并且对其进行巩固。具体过程就是讲、练、纠、重复，然后将流程固定下来。"讲"就是反复讲。"练"就是讲完即练。比如早班班会时讲，工作时就练。"纠"指晚班班会时进行纠正。如此，讲、练、纠不断重复。

（3）**动作成习惯**。人的行为是由什么决定的？是由习惯决定的。什么是习惯？不假思考的行为即习惯。模式化复制就是要将动作变成全员的"集体动作""集体习惯"。集体习惯既有同化作用，也有排异作用，如果不同化，就会发生排异。习惯是怎么形成的？习惯是动作固化形成的。因此，企业的培训、训练要直到动作固化为员工的习惯才结束。在模式从书面文字变成员工集体习惯的过程中，一类人的作用很重要，比如，孵化基地的"教练"，他们起到"种子"的作用。

在数字化模式大规模复制的过程中，我提出"传统团队 + 新补充团队"的组合模式，增加了一支队伍。这支新队伍的价值就是使模式产生裂变。每个参与模式化复制的团队，最好有一名全程经历过模式化复制的人参与。有的模式见于纸上的作业流程，部分细节、技巧在人的大脑中。所以，大规模的复制推广一定要有人员的快速裂变过程，这就要求在推广中有一部分特意安排的裂变人员。

复制速度与模式壁垒

模式化复制还要解决三个问题：模式迭代；复制速度；模式壁垒。营销模式在技术上很难有壁垒，因此模式的模仿不可避免。营销竞争的竞争力来源于比较竞争力。你会，别人不会，你就有比较竞争力；你会，别人也会，则比较竞争力消失。

1. 模式迭代

深度分销模式 1.0 没有技术壁垒。但是，深度分销经过了七八次进化，每进化一次就增加一层壁垒。现在今麦郎的"四合一"模式是互联网工具与深度分销结合的模式，模仿、复制很困难，甚至有很多学习者直呼"看不懂"。因此，新模式出现后一定会快速迭代。

2. 复制速度

渠道资源总是会向居前列的主体集中。比如在数字化模式的前期推广中，厂家是主力，经销商是看客。这是正常的。但是只要模式推广成功，经销商看到了效果，就变成了经销商是主力，厂家是后台管理者。当数字化模式确立以后，早期的快速推广很重要。早期推广成功，渠道资源便会快速向厂家集中。

怎样才能做到早期快速推广呢？就是采用两支队伍推广。一支是正常的渠道队伍；另一个是临时团队，当"战斗"处于胶着状态时，投入这支临时队伍，可能就改变了战场态势。

在早期的数字化推广中，渠道队伍要做日常工作，且有 KPI 考核。因为一方面队伍几乎不可能全身心投入，另一方面即使其全身心投入，力量也不一定够。临时团队本身对数字化转型很熟练。他们负责启动区域市场，一是起到传帮带的作用，二是快速形成内部势能，三是增强区域力量。一定要高效地利用这个临时团队。企业不能局限于局部市场，而要转战多个区域市场，轮番启动市场，加快复制速度。

3. 模式壁垒

数字化模式壁垒来自三个方面。一是早期快速复制形成了资源集中。二是数字化过程中形成的操作诀窍和技术诀窍。这些诀窍在短时间内难以模仿。三是大量的资源投入形成的阻吓作用。因为早期有模式创新红利，模式本身就有竞争优势；后期会用资源加持，资源形成的壁垒虽然难以阻吓头部大品牌，但对很多模仿者有阻吓作用。

第

5

章

数字化全景图与数字化闭环

数字化全景图也可称为数字化蓝图，是企业在数字化转型过程中构建的流程模型。数字化全景图对企业的数字化转型至关重要，为规范企业业务管理，实现软件标准化，以及为企业通过有效路径一步一步实现数字化转型打下坚实可靠的基础。数字化全景图就是用于看清企业数字化全貌的有利工具。

数字化闭环是数字化全景图的重要实现工具和完成路径。一个稳定的系统一定是闭环系统。因为有闭环，才有反馈；因为有反馈，系统才可控，才能成为稳定的系统，确保目标得以实现。如果没有形成闭环，数字化充其量只是针对用户的促销工具。

企业正常的经营管理一定是一个闭环系统，否则会出大问题。然而不同时期闭环系统所使用的工具不同。亨利·法约尔（Henri Fayol）对管理的定义是计划、组织、指挥、协调、控制，这五大职能就是一个闭环。管理中常用的"PDCA 工具"即计划（Plan）、执行（Do）、检查（Check）、处理（Act）同样是闭环管理工具。闭环系统将系统输出量的测量值与给定的期望值相比较，由此产生一个偏差信号。此偏差信号可以调节控制，使输出值尽量接近于期望值。

MIS（管理信息系统）的出现让管理闭环以信息工具的方式呈现，但信息系统只是内控闭环。企业所有经营活动源于对用户需求的洞察和响应，因而缺乏用户数据的信息化闭环只是管理的闭环，不是经营系统的闭环。数字化对企业运营的贡献之一就是连接 C 端，获取用户实时数据，再加上企业原有的信息化闭环系统，就构成了全面的数字化系统。需要强调的是，缺乏用户实时数据的数字化系统只是变相的信息化系统。

当起点也是终点时，就构成了闭环。一个系统可以形成很多的闭环子系统。系统循着路径，只要形成环路，都可视为闭环系统。

5.1　数字化全景图

数字化闭环，始于 C 端，终于 C 端

　　数字化闭环强调的是数据取之于用户，用之于用户。可以理解为始于 C 端，终于 C 端，中间是企业的经营环节。企业通过数字化工具连接 C 端，获取用户实时数据，并将其用于改善所有经营环节，服务于用户，最终让用户受益。其所经过的环节，必须环环相扣，才可以称为数字化闭环。

　　如果没有形成闭环，数字化充其量只是针对用户的促销工具。比如企业如果不管线上线下用户的差异，拿线下产品在线上低价销售，就只是把数字化当作促销的工具。

　　数字化闭环是用户营销导向的数字化体现。例如，企业通过获取用户实时数据了解用户的精准需求，以使各环节快速响应用户需求。这里的环节包括产品的研发、采购、制造、物流交付等环节。用户实时数据贯穿企业经营全过程，最后形成闭环系统。这才是数字化的应有之义。在数字化闭环系统中，只要有一个环节没有实现数字化，闭环就无法形成，从而影响企业响应用户需求的能力。或者说，企业想要获得通过数字化响应用户需求的能力，必须打造一个闭环系统。

　　数字化闭环强调的是数字化各环节的逻辑关系，数字化全景图强调的是数字化的结构和层次关系。两者都源于企业的两大链条（见图 5-1）：供应链（价值链）和分销链。

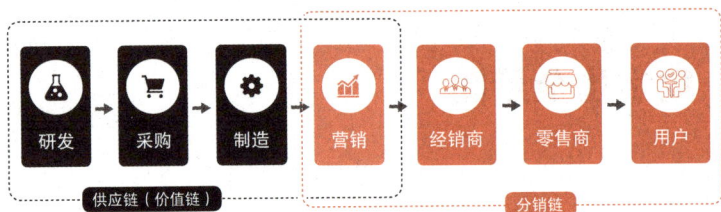

图 5-1 渠道数字化链路

供应链涉及企业经营的四大环节：研发、采购、制造、营销。

分销链涉及营销的四个主体：厂家（品牌商）、经销商、零售商、用户。

所谓闭环就是起点也是终点，整个过程形成一条环路。数字化闭环的起点是用户，终点也是用户。供应链（价值链）始于用户，终于用户。用数字化手段把供应链（价值链）连接起来形成的环路，就是数字化供应链闭环系统。因为该闭环系统贯穿企业经营所有环节，所以称之为数字化大闭环（见图5-2）。

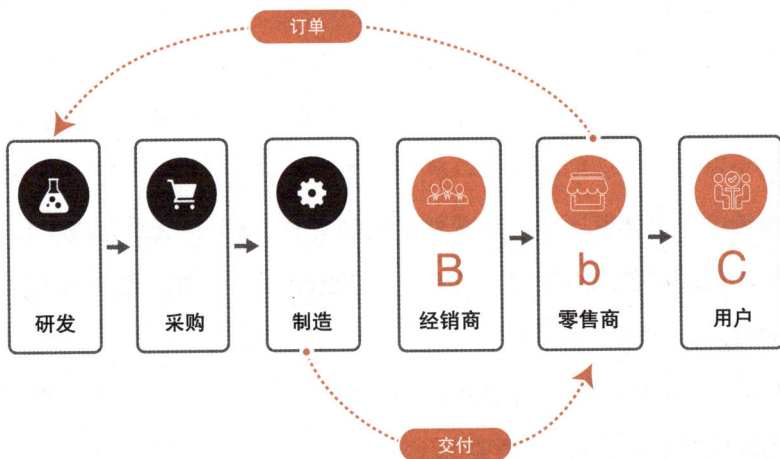

图 5-2 数字化大闭环

分销链，始于用户，终于用户。用数字化手段把分销链涉及的四个主体连接起来形成的环路，就是数字化分销链闭环系统。因为该闭环系统贯穿分销的所有环节，所以被称为数字化小闭环见图 5-3。

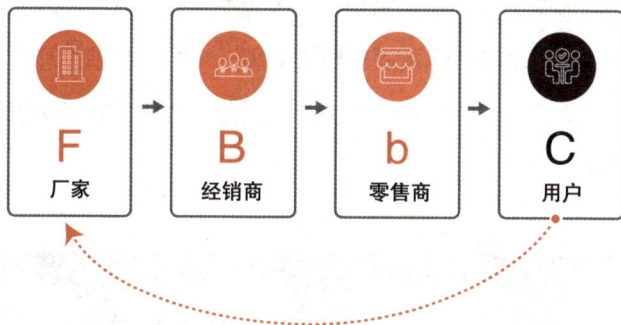

图 5-3　数字化小闭环

电商系统是 B2C（经销商—用户），没有分销系统，因此没有数字化小闭环。同时，由于电商始于 C2C（用户—用户），而后升级为 B2C，因此早期的"淘品牌"以及现在的新消费品牌没有传统的经营系统，而是大量依靠公共平台系统。销售依靠电商平台，设计研发依靠模仿和第三方授权，生产制造依靠 OEM 系统，交付依靠第三方物流，这是早期典型的数字化系统的特点。部分自控系统、外加公共平台系统，共同构成了电商的闭环系统，见图 5-4。

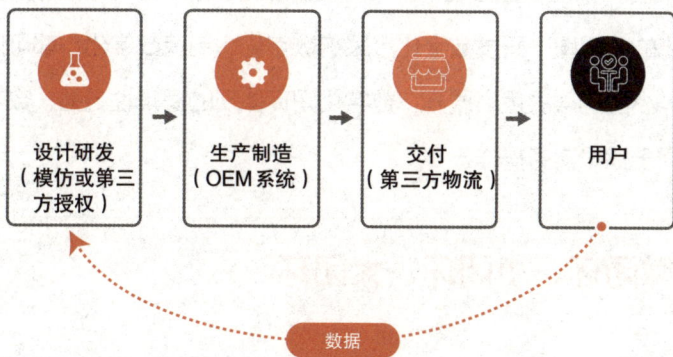

图 5-4　电商数字化闭环

总的来说，数字化小闭环只能平面展示营销数字化的逻辑，而数字化大闭环能够以立体的形式展示数字化全貌。更进一步来看，数字化大闭环依靠的是经营逻辑，在经营逻辑下的运营逻辑要借助每一个数字化独立环节深入推演，才能形成数字化大闭环。这样有纵横关系的立体架构便是我所构想的数字化全景图全貌（见图 5-5）。

企业全面数字化	营销数字化	渠道数字化	模块
研发数字化	数字化产品	F2B2b2C	F2B2b
采购数字化	传播数字化		b2C
制造数字化	数字化渠道		渠道模块
营销数字化	渠道数字化		
大图	中图	小图	模块

图 5-5　数字化全景图

数字化全景图之大图，实际上属于供应链数字化大闭环。它所涉及的每个环节都有中图、小图。图 5-5 展示的中图就是营销数字化的分解图，小图是渠道数字化的分解。研发数字化、采购数字化、制造数字化，都可以按照大图、中图、小图的层次逻辑展开。数字化闭环体现的逻辑性更强，数字化全景图更适合用于指导实务操作。

数字化微闭环、小闭环、大闭环

前文说明了数字化闭环始于 C 端，这是数字化的基本立场。依据闭环形成环路的复杂程度，以用户为起点的数字化闭环分为微闭环、小闭环、大闭环三类。

数字化微闭环：

用户（C端）数据→产品研发→生产制造（或贴牌）→物流配送（第三方交付）→用户运营→用户受益。

数字化小闭环：

用户（C端）数据→产品研发→渠道数字化→用户运营→用户受益。

数字化大闭环：

用户（C端）数据→研发数字化→采购数字化→制造数字化→物流仓配数字化→营销数字化→用户运营→用户受益。

电商系统以数字化微闭环为主，因为涉及的环节较少。做得较好的互联网品牌会借助用户数据开发产品，快速响应用户需求，如韩都衣舍的"三人团"和林氏木业的"快时尚"等。因为采用微闭环，所以企业往往把生产制造交给贴牌商，把产品交付交给第三方平台。因此，微闭环对公众平台的依赖性比较大。但必须说明的是，并非所有电商系统都属于数字化微闭环。比如，拿传统渠道大单品进行低价销售就不是闭环系统，只是属于单纯的促销（用户运营）系统。微闭环缺失通常指数字化开发产品环节的缺失。

渠道数字化是数字化小闭环，是在营销体系内实现的闭环。想要实现数字化小闭环的企业，必须要有线下渠道管理能力，能够和经销商和零售店达成合作共赢的渠道营销战略，共同实现数字化小闭环。想要"去中间化"的企业，无法实现数字化小闭环。

数字化大闭环就是企业的全面数字化，包含企业的价值链和分销链以及从用户数据到用户收益的各个环节（见图5-6）。如今数字化大闭环的各个环节，有了与之相对应的数字化应用系统和理论支持。支持用户数据收集的有CDP（用户数据统计集成平台），支持研发数字化的有C2F，支持采购数字化的有SCM（供应链管理系统），支持制造数字化的有OEM，支持营销数字化的有"bC一体化"（渠道数字化理论），支持物流仓配数字化的有"一物一码4.0"，支持用户运营和用户收益的有CEM（用户体验管理）、App和微信小程序。

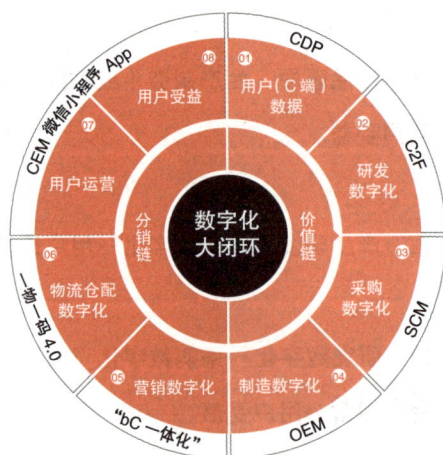

图 5-6　数字化大闭环

　　数字化微闭环、小闭环、大闭环包括的经营要素是有差别的。数字化微闭环是在电商系统内实现闭环，数字化小闭环是在营销系统内实现闭环，数字化大闭环是在企业整体经营系统内实现闭环。先打通数字化微闭环，再打通数字化小闭环，最后打通数字化大闭环，这是实现数字化闭环的顺序。数字化大闭环打通了，意味着企业全面完成了数字化。

　　企业实现全面数字化有两个外部接口：一个是采购接口（狭义的供应链）；另一个是销售接口（与下游的采购接口对接）。当全行业形成数字化闭环时，两个接口都是数字化的，此时就实现了产业数字化连接。比如，美的在自家供应链中能够随时看到采购需求，并提前做准备。当然，有些数字化子系统并不在企业内形成闭环，比如数字化传播，可以独立于数字化闭环系统存在。企业即使没有做电商，也可以采用数字化传播手段。也有一些数字化子系统是在数字化闭环过程中衍生的系统，比如数字化管理系统。数字化的推进伴随着数字化管理的推进。

　　三个数字化闭环之间存在着包含关系。数字化小闭环包含数字化微闭环，数字化大闭环包含数字化小闭环。企业的数字化顺序是先易后难，先做数字化微闭环，再做数字化小闭环，最后做数字化大闭环，逐渐增加数字化的环节。这样企业不仅能在内部实现全面数字化，而且能与外部产业链的数字化接口形成连接，最终实现产业数字化。

从与用户连接的工具、能达到的用户量级来看，不同闭环的差别很大。数字化微闭环主要通过平台系统与用户连接（B2C 模式，经销商—用户），或者通过私域流量模式与用户连接（F2C 模式，厂家—用户），品牌商连接用户的数量有限，用户规模极限是千万量级。数字化小闭环通过渠道连接用户（F2B2b2C 模式，厂家—经销商—零售商—用户），用户规模极限是亿级。数字化大闭环与数字化小闭环在用户量级上没有差别。它们有相同的用户连接工具、相同的用户规模量级，差别在于参与数字化的参与范围不同，是局部参与和全面参与的差别。

数字化闭环的必备环节

无论是数字化微闭环、小闭环，还是数字化大闭环，三类数字化闭环都有三个必备的环节：

（1）连接用户，获取用户数据；

（2）基于用户数据进行产品研发；

（3）数字化的用户运营。

连接用户、运营用户，是数字化闭环始于用户、终于用户的必然要求。

数字化研发成为数字化闭环的必备环节同样符合逻辑。这是因为企业对用户需求的反应主要体现在产品上，而用户运营、服务环节只是为了保证用户使用产品的体验更好，很难弥补产品本身的缺陷。在没有数字化工具的时代，企业运营的工具只有线下调研，或在交互过程中形成的用户洞察，在理解用户需求的方法、逻辑上是有体系性缺陷的。数字化虽然不能完全解决企业如何正确把握用户需求的问题，但至少比传统方法进步了很多。强化基于数字化的产品研发，有助于使数字化发挥真正效用。

闭环缺失的代价

为什么 B2B 不成功？因为 B2B 不是数字化闭环系统。

具体可以从以下 4 个方面分析。

1. B2B 缺少用户数据和用户分析能力

B2B 平台系统只是信息化系统，不是数字化系统。2014 年火过一段时间的 B2B 热很快就降温了。以平台数字化闭环的逻辑来看，B2B 数字化闭环包括两个主体，一是需求的零售商，二是有竞争力的供应链系统。但第三方 B2B 平台不足之处恰恰与上述两点相关：有且只有 b 端的需求，但缺乏 C 端的需求；虽然试图实现供应链的"去中间化"，但依旧以传统的供应链形式为主。B2B 系统缺少 C 端环节，意味着没有触达用户。B2B 缺失源头数据，因此谈不上根据用户需求形成数字化闭环。

2. B2B 没有独立供应链

第三方 B2B 平台没有独立的供应链系统，无法形成数字化闭环系统。第三方 B2B 平台往往由当地经销商供货（或异地窜货），因此平台成为"去中间化"后增加的环节，平台打着"去中间化"的名义成为了中间商。本质上来讲，B2B 平台的自营系统如果没有独立的供应链，B2B 平台就无法形成闭环系统，势必要通过区域的成熟产品来实现低价引流。这样的系统是不可持续的。

3. B2B 缺失产品研发

由于缺失产品研发的能力，B2B 很难形成供应链数字化闭环。在社区团购发展的过程中，不从社区引流的多多买菜和美团优选已经变成了"第二电商"。虽然构建新型供应链是个宏大的工程，并且在传统营销中，本土大众供应商居多，形成数字化闭环较为困难，但只要没有形成数字化闭环，价格战就要持续打下去。

4．B2B 渠道常用的低价促销策略

社区团购是 B2B 路径的进化，也是全链路数字化闭环形成之前较为有效的营销策略。为什么说社区团购是 B2B 路径的进化？是因为 B2B 模式始终难以到达 C 端，但社区团购实现了，社区团购从逻辑上讲是 B2b2C 或 F2b2C。那为什么说社区团购是全链路数字化闭环形成之前较为有效的营销策略？因为社区团购将营销变成渠道促销工具，依靠低价策略发挥效用。从数字化闭环的逻辑上看，社区团购就是依赖低价营销策略的典型代表。在社区团购发展伊始，业界就特别强调"团长"的引流能力以及供应链系统的搭建，这是社区团购逻辑的两个重点，也是奠定商业模式能否成功的关键环节。其中，"团长"引流强调要以用户的需求为基础，供应链系统的搭建也不是简单地完成采购即可，而是需要根据用户的需求实现"先研发，后采购"。

5.2 数字化微闭环

电商系统（B2C）没有渠道分销环节，不存在分销链，它的数字化闭环只可能是微闭环。当采购、生产制造、物流仓配没有完成数字化时，企业可以通过第三方平台数字化系统、第三方物流系统等，在销售体系形成独立的数字化微闭环。微闭环的特点是参与数字化的环节很少，因此数字化微闭环

的高效率往往需要能高效率配合的外部衔接。"比如，企业在生产制造方面用传统模式或 OEM 贴牌模式。贴牌是利用社会公共平台，物流仓配采用第三方平台。

数字化微闭环有两种表现形式：平台电商（B2C）与私域流量模式（F2C）。这两种模式都是 DTC 模式，其闭环系统涉及的要素、环节比较少，大量环节需要借助公共平台实现，因而称为数字化微闭环。下面介绍几个案例。

案例解读：林氏木业、韩都衣舍、三只松鼠、青岛啤酒

案例 1：林氏木业的"快时尚"

林氏木业是家居电商的头部品牌。它依托用户数据实现快速响应，实现了家居业的"快时尚"。通过数字化，林氏木业从获得市场需求到产品上线只用 30 天，2020 年实现了一年 808 个系列，创造了快时尚产品的最快更迭速度。

快时尚源自 20 世纪的欧洲，欧洲各国称之为 Fast Fashion，美国称之为 Speed to Market。快时尚提供当下流行的款式和元素，以低价、款多、量少为特点，激发用户的兴趣，最大限度地满足用户的需求。款多、量少、快速、低价，是快时尚的四个关键词。但围绕四个关键词的运营体系才是快时尚的核心。

以 ZARA 为代表的快时尚为了做到"款多"，派出了大量设计师到大街上捕捉设计元素，其产品出现了大量仿款，每年有大量专利诉讼。林氏木业能够做到"款多"，靠的就是用户数据，根据用户需求快速开发产品。产品一旦成为"爆款"，就会有大量仿款出现。因此，快速开发新品是一个持续不断的过程。因为做到了快时尚，林氏木业自称"竞品连模仿都来不及"。

案例2：韩都衣舍的"三人团"

韩都衣舍把数字化微闭环分为三个环节：新版产品、生产、平台运营。韩都衣舍创造性地把三个环节合并为一个环节：三人团。三人团可以是一个人、两个人，或者三个人。闭环系统包含在"三人团"中，而不是包含在职能部门中。这是早期数字化不完善时比较有效的方法，其最大的好处就是虽然研发、制造没有数字化，但闭环小团队的效率非常高，能够对用户的需求实现快速响应。其缺点是新款式中有较多的拿版、仿版，生产制造以贴牌为主。

"三人团"是一个闭环小组织，其运行借助大量的公共平台，比如，新版可能要从设计师平台或其他来源购买；生产借助 OEM 企业；销售也要借用公共平台——电商平台。韩都衣舍的"三人团"证明，借助各类公共平台来完成闭环，可能比借助没有数字化的内部职能部门响应用户需求的速度快。

案例3：三只松鼠的"人店合一"

三只松鼠是典型的"淘品牌"，2019 年开始进入线下，计划 5 年内开设 1 000 家自营的大店"投食店"和 10 000 家加盟小店"联盟店"。

三只松鼠联盟店作为线下零售店，其销售逻辑与传统零售店有所不同。传统零售店的销量取决于三点：一是地段，地段决定了人流量；二是店面，店面决定了商圈半径，店面越大，商圈半径越大；三是店长的经营能力。

三只松鼠联盟店，面积不大，SKU 有限，靠传统方式销量有限。但是，三只松鼠对联盟店采取"双 IP 策略"，三只松鼠是 IP，并把店长打造成 IP。既然是 IP，就有店外影响力，商圈半径就扩大了。

三只松鼠通过自身在线上构建的全国性品牌势能，能够很好地帮助店长解决基础的流量和消费认知问题，店长通过个人服务，如较好的服务态度、有趣的沟通话术实现与用户的互动。这种互动是非标准化的，更倾向感性的深度连接（强关系）。店长将三只松鼠视为与用户连接的介质，进而构建本地生活圈，将用户变为自身的流量池，当然每位店长也会自带部分社交流量。在这个过程中，三只松鼠和店长共同享受流量池内的价值，最终形成商业闭环。

"人店合一"就是三只松鼠打造的数字化微闭环，意味着店长不仅要经营零售店，也要经营社群、组织团购。店长作为 IP，其影响力通过社群、微信小程序和团购发挥作用。

案例 4：青岛啤酒的"创新产品事业部"

青岛啤酒的电商营收在啤酒行业居于首位。不同于林氏木业、韩都衣舍、三只松鼠这些依靠电商创业的企业，青岛啤酒是一家传统企业。尽管产品在电商平台的业绩不错，其电商营收仍然只占企业总销售额的 3% 左右。青岛啤酒有一个创新产品事业部，其专门为电商平台开发了大量新品。不同于很多传统企业拿线下的大单品来进行降价销售，青岛啤酒在电商运营方面以推广高端新品为主，甚至有些新品先在电商平台销售，然后再推广到线下。

青岛啤酒的数字化微闭环系统对传统企业开展线上营销有以下参考价值。一是创新产品事业部与电商系统匹配，或者说与传统部门有一定的切割，能够自成系统，形成数字化微闭环；二是青岛啤酒利用品牌影响力，利用电商用户精准的特征主推新品、高端产品，形成了线上和线下渠道互动的良性结构。

数字化微闭环的三大特征

电商系统数字化微闭环的本质是闭环的两端都是用户。只有如此，才能实现良性数字化。其中间涉及四大环节：产品研发、生产制造（或贴牌）、第三方交付、用户运营。

数字化微闭环：

用户（C端）数据→产品研发→生产制造（或贴牌）→物流配送（第三方交付）→用户运营→用户受益。

从数字化微闭环的四大环节看，数字化微闭环有三个特征。

1. 数字化产品研发体系是核心

前文讲过，数字化产品研发是必备环节。如果做不到数字化产品研发，企业就只有两种选择：做仿款，跟风卖好卖的产品；拿线下大单品到线上低价销售。

2. 各环节大量利用公共平台

产品研发、生产制造、第三方交付、用户运营等环节大量借助第三方公共平台。这样做的好处是进入门槛低，缺点是产品同质化，无竞争优势。电商平台本来就是所有商户的公共平台。企业运营将逐步同质化，运营方式逐渐工具化，更何况有些企业连用户运营也交给了第三方平台。

电商创业企业本来就缺乏生产制造的能力，即使有制造能力的传统企业，想要实现生产制造数字化，难度也非常大。好在很多企业已经锻炼出生产制造的快速反应能力。因此，生产制造的贴牌也变成了借助公共平台实现。电商的支付在早期存在困难，后来形成了公共平台，在线支付、第三方物流解决了这个问题。

3. 产品与用户的双向匹配

品牌商可以进行产品与用户的双向匹配：既可以根据用户的需求精准开发产品，也可以根据产品寻找精准用户。电商和私域流量的 MarTech 可实现用户画像与产品画像相匹配，本质上是根据产品画像匹配用户画像（见图5-7），这是一种精准引流方式。根据用户画像数据开发新品就是匹配产品画像。数字化产品研发是完成双向匹配的重要环节，也是数字化微闭环的重点环节。

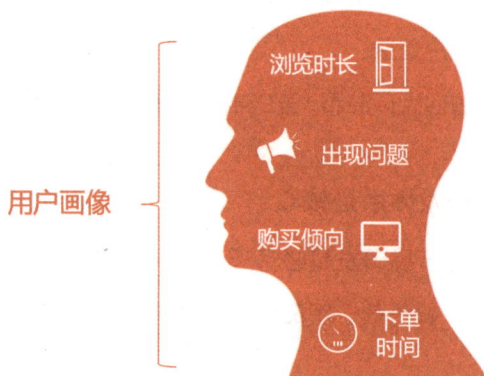

图 5-7　数字化用户画像

"快时尚"数字化研发

前文 4 个案例涉及的企业之所以做得较好，强化新品的数字化研发是关键原因。在电商竞争环境中，新品的存活周期短，款多、量少已经成为基本特征。因此，电商让所有行业的企业都在设法建立快时尚的新品研发机制。

那么，怎样建立快时尚的新品研发机制呢？快时尚不仅是一种新品开发体系，也是一种运营体系。

快时尚的形成包括 5 个环节：

（1）形成满足海量个性化需求的快时尚理念；

（2）海量个性化需求洞察和订单形成；

（3）形成满足海量个性化需求的模块设计理念；

（4）设计满足海量个性化需求的供应链和柔性制造系统；

（5）设计满足海量个性化需求的快速交付系统。

前面三个环节与新品设计相关，后面两个环节可以随着全面数字化通过柔性制造来解决，也可通过贴牌来解决。在快速交付方面，2C 的交付已经有完善的第三方交付模式；2B 的第三方交付平台正在逐步形成。以下重点介绍前三个环节。

1. 形成快时尚理念

快时尚有四大要素：款多、量少、快速、低价。

款多、量少、快速是核心。线下营销货架有限，SKU 数量有限；线上营销货架无限，SKU 数量理论上可以无限增加。线下是人找货，线上是货找人。人找货，就要寻找用户需求的最大公约数；货找人，就要求将产品与用户进行精准匹配。精准匹配就是产品画像与用户画像匹配。用户画像来源于用户数据。在精准匹配的过程中，匹配度越高，意味着细分度越高，相同画像的用户就越少。

细分度高意味着"款多"，在高细分度前提下，相同画像的用户数量少，意味着"量少"。这是电商与线下实体相比趋向款多、量少的原因。电商用户的需求变化快，商户之间的模仿速度快。因此，企业要想避免同款产品的过度竞争，就要快速开发新品，这就是"快速"的原因。与线下的大单品、长存活周期相比，电商的新品开发更接近服装行业的"快时尚"。当然，由于品类差异，快时尚款多、量少、快速的表现形态不同品类产品中有很大差异。

2. 汇集海量小众用户的个性化需求

虽然已经有大量的新消费品牌专攻独特的分众、小众品类，形成了一定规模，但多数电商还是通过对海量小众用户的覆盖，形成销量规模。传统产品研发部门已经形成了与线下大单品、长周期相适应的新品研发流程和节奏，快时尚是一种新流程、新节奏。ZARA 的 400 多位设计师每年会推出12 000 ～ 20 000 款设计，平均每周会上两次新货。答案是 ZARA 的设计师在全球寻找流行趋势。

电商企业需要从用户数据中找到需求和创意灵感。无论以什么方式实现数字化，用户数据都会成为重要的资产。只要用户在线，就会留下行为轨迹，比如浏览、评价、点赞、互动、下单频率等。基于大数据对用户行为进行分析、对需求进行预测已经成为一门专业。企业自己的用户数据和公共平台的用户数据都是新品开发的数据源。

3. 模块化设计

站在传统角度来看，快时尚体系中的"量少"与"低价"是相互矛盾的，很难调和。矛盾的结果可能是盈利能力差或亏损。但快时尚恰好解决了这一矛盾。解决的方式是模块化设计、集成采购和柔性制造。以前文提到过的林氏木业为例，在模块化设计中，每个 SKU 并不是使用完全不同的组件。每个系列产品有大量组件相同，少数组件有差异。也就是说，站在用户视角来看，产品是个性化的；站在设计视角来看，产品大同小异。

集成采购不是指对单个 SKU 的组件分别采购，而是对不同 SKU 的相同组件集中采购。"MRP（物料需求计划）—ERP—数字化"，这是一以贯之的逻辑。量小才有个性，模块化才能实现批量采购；实现批量采购，才能实现低价。所以，即使要满足个性化的需求，照样能够进行批量采购。不同的个性化产品有相同的组件。大量个性化单品构成了采购组件的批量需求。

5.3　数字化小闭环

数字化小闭环：

用户（C 端）数据→产品研发→渠道数字化→用户运营→用户受益。

数字化小闭环的重点是三个环节：产品画像与用户画像的数字化匹配；短链路运营；用户直达。

数字化小闭环是营销系统内部形成的闭环。它始于用户，经过厂家、经销商、零售商，终于用户。没有贯穿这四个环节的营销系统就不是闭环系统。

虽然从经历的环节来讲，经销商、零售商必不可少，但数字化带给渠道的变化不再是多级交易、多级交付，而是用户直达。因此，虽然数字化渠道变得稍微复杂一点，但渠道效率大大提高了。

产品画像与用户画像的数字化匹配

数字化系统可以在用户画像与产品画像之间实现精准匹配，这是数字化MarTech 的基本功能。现在很多数据中台的主要职能就是绘制用户画像。

电商和私域流量的运营全部在线上进行，产品研发是借助用户画像精准开发产品，用户运营是借助产品画像精准匹配用户。但"bC 一体化"是线上线下融合，在数字化产品匹配上要解决两个问题。

（1）区域化产品线上匹配。不同社区的居民可能差异大，所以应确定是否存在区域画像的问题。

（2）线下产品的匹配。不同零售店之间的产品有差异，确定怎样向用户提供线下购物建议时，要依靠数字化系统。

短链路运营：F2C、B2C、b2C

传统渠道是 F2B+B2b+b2C 三级交易。数字化连接用户以后，用户资源可以实现共享，厂、商、店三方一体，因此用户运营简化为短链路运营（F2C、B2C、b2C），厂家、经销商和零售店都可以是线上运营的主体。短链路运营对于提升运营效率很重要。

三大运营主体怎么划分运营范围？前面已经论述过，F2C 在新品推广、重大节假日、重要活动中全网、全区域的统一运营是非常态化运营。这是完全不同于电商和私域流量模式的。B2C 在小店线上运营方面是常态化运营。因为小店的线下 SKU 少，所以必须通过 B2C 模式增加线上 SKU。KA 店的 b2C 模式下的方式可能比较多，因为 KA 店有相对独立的流量，有用户动员能力，SKU 也比较多。

用户直达

传统渠道进行多级交易、多级交付，渠道环节多，占用资金多，占用一线人员的时间多。短链路运营实际上是跨环节运营。交付环节同样可以跨环节进行，即用户直达。

用户直达有两种方式。

（1）F2b 直达。F2b 直达就是产品交付不再经过经销商环节，F2b 直达的 2B 第三方交付平台在我国目前虽处于发展阶段，但发展得很快。

（2）F2C 直达。目前，电商就采用 F2C 直达，2C 的第三方交付平台已经发展得很成熟了。

5.4　数字化大闭环

数字化大闭环相当于企业的全面数字化。这是一项浩大的工程。美的集团从 2012 年开始投入约 200 亿元，基本完成了"T+3"模式的数字化大闭环。

数字化大闭环作为一个闭环系统，两端仍然是用户，只是中间环节有所不同，包括用户（C 端）数据、研发数字化、采购数字化、制造数字化、营销数字化、物流仓配数字化、用户运营、用户受益八大环节。因为数字化大闭环包括企业经营的所有流程，所以也有人称其为全价值链数字化，或者全供应链数字化。

数字化新生态

因为连接了用户，新经营生态对用户的响应速度更快，这是用户数字化的作用。因为对用户响应更快、更精准，产品与用户匹配度更高，新经营生态就会形成完全不同的研发体系与产品体系，其比传统研发体系与产品体系更有优势。

一直以来，传统渠道就像一个漏斗。厂家的 SKU 很多，经销商从中选择一批 SKU，零售商再从经销商处选择一批 SKU，如漏斗一般，每次滴漏都会使一批 SKU 消失，最终到用户面前可选择的 SKU 非常有限，形成了一个"大单品"的时代。全链路数字化能够使企业做到快速响应用户的个性化需求，实现批量定制化生产，实现 C2F 的产业化，快速迭代的"爆款"将成为主流。

目前，在全链路数字化（F2B2b2C）方面取得一定成绩的"美云智数"引起了我的注意，其有两套关键的体系：一是美云销，二是"bC 一体化"。这两套体系在没有改变渠道结构的情况下，通过线上跨渠道订单，解决用户响应速度和规模的问题，见图 5-8。

图 5-8 "美云智数"全链路数字化体系

理论是抽象的，接下来我将通过具象的案例直观地解读走在数字化大闭环前沿的企业模式。

案例解读：美的"T+3"+"1+3"模式

美的2021年新战略主轴是：科技领先、数智驱动、用户直达、全球突破。

"科技领先"与"数智驱动"代表两类科技。"科技领先"代表产品（服务）科技，"数智驱动"代表企业运营科技。美的战略主轴的逻辑是：通过"数智驱动"达成新业务模式的"用户直达"，完成"全球突破"的目标。支持美的战略主轴的有两大数字化系统：一是数字化营销系统"美云智数"，形成了"T+3"模式；二是数字化物流系统"安得智联"，也被称为"一盘货"，形成了"1+3"模式。两套系统相得益彰，共同形成数字化大闭环。

"T+3"模式是数字化的供应链，以T为基准点，以3天为周期，分别是：3天订单集成，3天采购备料，3天智能制造，3天物流交付。一个闭环周期是12天。"T+3"模式除了涉及研发数字化环节和营销数字化环节，还涉及企业的常规经营环节，形成了一个闭环。闭环的起点是用户（包括b和C）订单，终端是用户直达（交付）。始于用户，终于用户，形成闭环。

订单集成：美的实行严格的订单制，没有订单不生产。不像普通企业的月计划、旬计划、周计划，美的通过数字化形成了更短的计划周期——3天。在订单的制造过程中，美的的"零担率"大大提高。美的对用户快速响应的结果就是个性化的产品增加，大单品减少。

数字化研发：因为美的数字化平台上有6 000万用户，因而其能够随时获取用户信息。收集数据以后，有一个专门的模块——大数据企划模块，从中可以看到大量用户使用产品过程中产生的数据、对服务的反馈、在网上"爬"（爬虫技术）回来的用户评论。美的根据这些与产品功能相关的、上报的脱敏数据，定义需要生产什么产品，或者确定趋势是什么。

家电行业现在已经不再依靠硬件研发来驱动，而是基于用户场景研发驱动。比如用户是怎么使用客厅空调的？不同时段，不同人群，不同空间，空调怎么才能用得更好？美的推出的 Air 空间站是 AI（人工智能）技术、数字化技术与硬件结合的典范，能够根据用户的习惯、环境或用户预设，把温度控制、湿度控制、新风系统、空气过滤系统集成起来，统一调节用户的空气环境。

数字化采购（数字化供应链）：前端订单的碎片化对采购是极大的考验，靠人工经验计划已经解决不了问题。美的设计了 APS（高级排程系统），把订单集约化，然后进行十几层的一次性排查；排查出问题之后，再借助供应链的云端协作解决问题。美的不仅在内部协同，也把核心供应商全部纳入系统，包括供应链上产品的生产情况、品质情况、物流情况，都在平台上用数字化手段实现透明化，让供应商知道美的的订单情况。此外，美的的送货指令下达得非常及时。

供应商的入厂物流，从供应商发车开始，能够看到物流轨迹，包括途中等红绿灯的情况；三公里范围内，平台自动帮供应商预约车位；到了工厂自动识别，指引卸货，卸完货后车可以直接走。卸货的地方刚好位于下一生产线的位置，不需要经过入库出库环节。

数字化柔性制造：美的有大量的工艺参数用数据平台管理，用 MES（制造执行系统）加 SACADA（智能监测系统）跟机台连接起来。这种柔性制造的效果在于，一台空调也好，100 台空调也好，机台、产线都能够灵活应对。因为有系统的指引和系统的自动防错，工人也不会做错、装错。美的也采用 AI 技术做质检，做工艺判断。

美的还基于大数据平台做了很多预测性工作。如果发生异常，工厂怎么应对？这可以用很多模型预测。发生任何异常时，都可以通过数据找人，系统自动一层一层地找到班组长。比如手表响一下，他们两分钟之内就要找到产生异常的地方并处理异常，然后找到生产部长。供应链的柔性加快了美的对市场的反应速度，提升了产品的品质。这些确定性的能力让美的能够应对市场的不确定性。

数字化渠道：美的的数字化渠道模式称为"1+3"。"1+3"即1盘货 + 3张网：把线上线下渠道的库存融合为"一盘货"，促进库存的充分共享与快周转；3张网分别为零担干线网（满足订单碎片化运营）、城市仓配网（干仓配一体化运营）、末端送装网（2C，直接入户服务）。

简单来说，全面数字化对美的各环节的改变是对价值链的改造。用户连接：低成本直接触达用户，提升服务满意度。设计研发：以用户使用场景为核心，实现软硬件平台化，通过数据提升产品企划命中率。生产制造：借助柔性生产和供应链协作应对市场需求，实现快速反应。销售渠道：借助"一盘货"提升渠道效率。美的的传统渠道与新渠道的对比见图5-9。

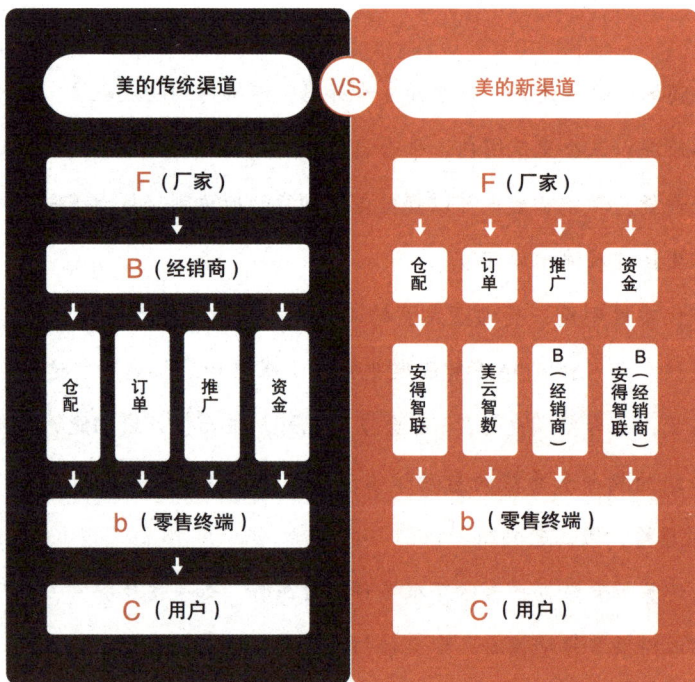

图5-9 美的的传统渠道与新渠道的对比

美的董事长方洪波认为，全面数字化对价值链的改造优势体现在以下方面。

（1）极大地改变了与美的有关联的人员，包括合作伙伴、上下游相关者等，使他们能够采用符合时代趋势的工作方式。用户在手机上动动手指就可以预约安装，供应商在手机上也可以完成所有供货等，很多流程都发生了变化。

（2）极大地提升了企业的运作效率。效率的提升缩短了现金周期，提高了周转效率，加快了企业对市场的反应速度，缩短了产品开发周期，提升了盈利能力。

（3）改善了美的做生意的方法，或者称为业务方法。通俗而言，做生意就是如何生产、开发产品，并将产品卖给零售商、用户。这些过程变得更加扁平、快速。

（4）商业模式创新现在正在进行，未来创新速度可能会更快。商业模式包括如何根据需求前瞻性地开发产品，柔性化地制造产品。在将来的某一天，随着企业价值链的高度数字化，所有的流程、工作方法及业务模式都将改变，加之智能化的推动，美的可能就会成为一家互联网企业。

美的"T+3"+"1+3"模式是一个相当经典的数字化大闭环案例，其除了完成了本企业的数字化外，还对产业链和其他行业的数字化做出了两大贡献。

第一，对产业互联网有重要贡献。一是供应链协同，把供应链上产品的生产情况、品质情况、物流情况都在平台上用数字化手段展现出来，使之透明化，让上游供应商的情况清晰可见，提高了供应商的效率，也有利于促进供应链的数字化改造。二是提供用户接口。美的的用户除了家庭用户以外，还有企业级用户，数字化可以提供对企业级用户的接口。产业互联网就是产业供应链上所有企业互联互通的网络，企业的两大外部接口使上游与供应商接通，下游与用户接通。

第二，美的把本企业成熟的系统向外部输出。"美云智数"作为数字化营销系统，以定制的方式向各行业输出。"安得智联"作为渠道用户直达第三方平台，向所有行业渠道提供平台化服务，对我国渠道物流仓配效率的提升影响很大。特别是在对经销商数字化转型的推动方面，由于与第三方渠道交付平台的合作往往由厂家（品牌商）来主导，当某个品牌把渠道物流仓配全部交给第三方平台时，经销商围绕仓配展开工作的传统方式就不存在了。

附录 A

新营销三部曲中，我提出了很多新的营销概念，如"4P 皆传播""立体连接"等，得到了广大读者的认可。本书中仍涉及诸多新概念，为方便读者理解和查阅，该附录对书中提及的全新营销概念做了整理和简要介绍（顺序按照拼音排序）。

百万终端，千万触点，亿级用户： 厂家 / 品牌商通过百万级的终端（business），借由千万级的人、货、店触点，触达亿级的用户（Customer）。

bC 一体化： 零售店（business）与用户（Customer）一体化运营的新营销模式。

bC 双码： b 端扫码和 C 端扫码，形成 bC 技术绑定，其模式是 F2b2C 或 F2B2b2C，是依据一物一码 4.0 发展的新模式。

厂、商、店三方一体： 厂家（Factory）、经销商（Business）、零售店（business）三方一体进行渠道数字化运营。

数字化"六双"运营体系： 双路径、双私域、双场景、双货架、双交付、双中台。

长链路触达 + 短链路运营： 长链路（F2B2b2C）+ 短链路（F2C、B2C、b2C）。

F2C 的用户规模公式： F2C 的用户规模 = 用户触点数 × 裂变速度。

深度分销八步法： 准备、打招呼、检查、出样、查库、补货、张贴 POP（"爆炸"贴）、告别。

数字化操作五步法： 最小运营单元、"bC 一体化"触达、高频激活用户与用户黏性、单店用户密度、单店有感增量。

线上线下融合： 线上与线下两套组织与管理体系融合，既具备从线上向线下引流的能力，也可以把线下流量引导到线上。《新营销 2.0：从深度分销到立体连接》曾提出立体连接概念，就是线上线下融合的实操方法论。

新店商： 门店（线下）+"人链"（社群）+ 云店（线上）的新型商业形态。

附录 B

本书中涉及众多数字化专有名词和营销用语英文缩写，现统一总结如下。

常用字母及其代表含义。

F：Factory，厂家、品牌商。

B：Business，经销商、分销商。

b：business，零售店（零售商）、终端。

C：Customer，顾客、用户。

P：Platform，平台。

书中涉及的专有名词、英文缩写及其含义如下。

AARRR 模型：Acquisition，拉新；Activation，激活；Retention，留存；Revenue，收益；Referral，推荐。

AI：Artificial Intelligence，人工智能。

APS：Advanced Planning and Scheduling，高级排程系统。

B 码：经销商二维码，是一物一码的其中一种用途。B 码是在二维码的后台设置中设立经销商端口，主要用于经销商的仓储物流全程跟踪、溯源、营销管理等。大部分的 B 码表现为箱外码。

b 码：零售店二维码，是一物一码的其中一种用途。b 码是在二维码的后台设置中设立零售店端口，主要用于"bC 一体化"终端营销、"开箱上货"的终端动作，同时起溯源、防窜货等作用。大部分的 b 码表现为箱内码。

C2F：Customer to Factory，指以用户为主导重构整个社会的供需关系，使厂家实现按需生产。

C2M：Customer to Manufactory，指用户对厂家。

CDP：Customer Data Platform，用户数据统计集成平台，可以跨平台实现用户 / 会员数据整合。

CEM：Customer Experience Management，用户体验管理。

CRM：Customer Relationship Management，用户关系管理。利用相应的信息技术以及互联网技术协调企业与用户间在销售、营销和服务上的沟通互动，进而完成用户管理和销售管理，提升销量，实现业绩增长。

CP 店：Customer Portal，用户平台，这里指合作门店。

DM：Direct Mail Advertising，直邮广告。

DTC：Direct to Consumer ，品牌直达消费者。

ERP：Enterprise Resource Planning，企业资源计划。

F2B2b2C：Factory to Business to business to Customer，指厂家—经销商—零售店—用户。

HBG 模式：源自拜伦·夏普（Byron Sharp）的 *How Brands Grow* 一书，中文译名《品牌是如何增长的》，HBG 模式公式为品牌增长 = 渗透率 × 想得起 × 买得到。

IP： Intellectual Property，知识产权。新营销定义 IP 为：IP 是品牌逻辑，是由自主传播的内容形成的商业认知。IP 是新营销四大关键词"场景、IP、社群、传播"的重要组成部分。

KA：Key Account，关键客户。

KA 店：关键客户门店，在销售语境中特指连锁商超。

KPI：Key Performance Indicator，关键绩效指标。

KOC：Key Opinion Consumer，关键意见消费者。在新营销中，KOC 是指渠道。

KOL：Key Opinion Leader，关键意见领袖。在新营销中，KOL 是指媒体。

LBS：Location Based Services，基于位置的服务。

MarTech：Marketing Technology，市场营销技术。MarTech 可以帮助企业通过技术和数据配置营销资源，优化营销策略。该概念创始人为斯科特·布林克尔（Scott Brinker）。

MES：Manufacturing Execution System，制造执行系统，是一套面向制造企业车间执行层的生产信息化管理系统。

MIS：Management Information System，管理信息系统，该系统主要用于管理日常事务。

MRP：Material Requirement Planning，物料需求计划。

O2O： Online to Offline，线上到线下，指将线下商务与互联网结合。

OEM：Original Equipment Manufacturer，指原始设备制造商，一般指代工厂。

PDCA 工具：计划（Plan）、执行（Do）、检查（Check）、处理（Act），由亨利·法约尔（Henri Fayol）提出。

RTM：Route To Market，从发布到制造，也称为市场通路，在我国一般指深度分销。

SACADA：智能监测系统。

SCM：Supply Chain Management，供应链管理。SCM 主要承担供应链中从供应商到最终用户的物流的计划和控制等职能。

SFA：Sales Force Automation，销售能力自动化。SFA 是 CRM 系统的一个业务组件。

SKU：Stock Keeping Unit，存货单位。SKU 即存货进出计量的单位，可以以件、盒、托盘等为单位。

大店：大店的表达有两种含义，一是体量大的零售店，二是大型连锁店，如 KA 商超。

小店：体量小的零售店，比较典型的是"夫妻店"。

致谢

"bC 一体化"诞生于 2019 年 6 月，是笔者在一次社群分享时提出的概念。虽然当时有一些人表示概念过于专业了，不易理解，但得益于广大企业同仁与同行朋友们的推广，近几年"bC 一体化"得到了大量响应与广泛传播，或许未来还有可能成为传统企业数字化转型的主流模式。在此，要再次感谢参与推广"bC 一体化"概念的朋友们。

感谢营销数字化研究院的专家公方刚老师、牛恩坤老师！感谢致力于数字化概念推广的赵波老师、陈思廷老师。

感谢"新经销""销售与市场""科特勒营销战略""老苗撕营销""空手"等深耕营销领域的自媒体朋友们！

感谢方刚老师的"新啤酒"群、丁丁老师的"粉丝研究院"群、王敬华老师的"首席增长官研习社"群、苗庆显老师的"老苗营销私聊会"群等社群伙伴的推广与支持！

感谢多家数字化系统服务公司的领导与同事！在此不一一列举，正是他们将"bC 一体化"逻辑落地开发成数字化运营系统。

除此之外，还要特别感谢我的家人们！感谢我的女儿、临时助理刘畅！她虽然还在读博期间，但仍为本书的撰写搜集整理了大量资料，她全程参与了图书的创作，为图书出版做出了巨大的贡献。感谢我的太太！正是她的关心、照顾，让本书得以在我生病期间完成！